Königs Erläuterungen und Materialien
Band 6

Erläuterungen zu

Friedrich Schiller
Don Karlos

von Rüdiger Bernhardt

Über den Autor dieser Erläuterung:

Prof. Dr. sc. phil. Rüdiger Bernhardt lehrte neuere und neueste deutsche sowie skandinavische Literatur an Universitäten des In- und Auslandes. Er veröffentlichte u. a. Monografien zu Henrik Ibsen, Gerhart Hauptmann, August Strindberg und Peter Hille, gab die Werke Ibsens, Peter Hilles, Hermann Conradis und anderer sowie zahlreiche Schulbücher heraus. Seit 1994 ist er Vorsitzender der Gerhart-Hauptmann-Stiftung Kloster auf Hiddensee. 1999 wurde er in die Leibniz-Sozietät gewählt.

3. Auflage 2008
ISBN: 3-8044-1832-5

Titelabbildung: Friedrich Schiller
Druck und Weiterverarbeitung: Tiskárna Akcent, Vimperk

(Zitiert wird nach: Friedrich Schiller: *Don Karlos. Infant von Spanien. Ein dramatisches Gedicht.* Stuttgart: Philipp Reclam jun., 2001, Universal-Bibliothek Nr. 38. Es handelt sich um die Fassung „Letzte Ausgabe 1805". – Ergänzungen, Varianten oder andere Fassungen werden zitiert nach: *Schillers Werke*. Nationalausgabe. Begründet von Julius Petersen. Hrsg. im Auftrag der Nationalen Forschungs- und Gedenkstätten der klassischen deutschen Literatur in Weimar (Goethe- und Schiller-Archiv) und des Schiller-Nationalmuseums in Marbach von Lieselotte Blumenthal und Benno von Wiese. Bd. 6 hrsg. von Paul Böckmann und Gerhard Kluge: *Don Karlos*. Bd. 7, Teil I, unter Mitwirkung von Lieselotte Blumenthal hrsg. von Paul Böckmann und Gerhard Kluge: *Don Karlos*. Bd. 7, Teil II, hrsg. von Paul Böckmann und Gerhard Kluge: *Don Karlos (Anmerkungen)*. Weimar: Hermann Böhlaus Nachfolger, 1973, 1974 und 1986, Sigle: NA Band- und Seitenangabe.)

Vorwort

Friedrich Schillers *Don Karlos*[1] gehört zu den bedeutenden politischen Dramen der deutschen Literatur, wurde „als Ausdruck modernen Freiheitsstrebens aufgenommen und wirkt bis heute als ein Dokument rebellischer Gesinnung"[2]. Für die von Schiller begeisterte Jugend war der *Don Karlos* ein fortschrittlich-revolutionärer Text, in dem sich schon der junge dänische Dichter Jens Baggesen (1764–1826) wiederfand, der Schillers Freund und Gönner wurde. Der Büchnerpreisträger Volker Braun (geb. 1939) umarmte 1984 den Jüngling Schiller in Gedanken, als er „*Dom Karlos* bei ihm fand"[3]. Das Stück steht für den **„Idealismus" Schillers**, der von Publikum und Literaturwissenschaft oft mit *Don Karlos* gleichgesetzt wurde; für die Dichter des 19. Jahrhunderts war Schiller schlechthin nur der Dichter des *Don Karlos*. Mit dem Drama verbanden sich keine welt- und lebensfremden Ideen, sondern Schillers Idealismus erhob sich über eine unmenschliche, tyrannisch geprägte Wirklichkeit, wie sie der Dichter in dem „Schauspiel" *Die Räuber*, dem „republikanischen Trauerspiel" *Die Verschwörung des Fiesco zu Genua* und dem „bürgerlichen Trauerspiel" *Kabale und Liebe* beschrieben hatte. In diesem Sinne war auch *Don Karlos* ein republikanisches und bürgerliches Trauerspiel, in dem die Handlung in absolutistische Verhältnisse verlegt und „das kühne Traumbild eines neuen Staates" (4280) als Alternative entworfen worden war: geprägt von Toleranz und Gleichheit der Menschen in einer sozial befriedeten Wirklichkeit und mit dem Verlangen nach humanen Zukunftsentwürfen, eine Welt, wie sie sein könnte, aber weder zu Schillers Zeit war noch heute ist. *Don Karlos* konzentrierte absolutistisches, republikanisch-bürgerliches und utopisches Denken in einer Handlung. – Eine Schwierigkeit der Schiller'schen Dramen besteht darin,

1 Die Formen *Don Carlos, Dom Karlos* und *Don Karlos* stehen nebeneinander und wurden von Schiller gebraucht. In den letzten Jahren hat sich die Form *Don Karlos* nach der Ausgabe von 1805 durchgesetzt.

2 Hans-Georg Werner: *Vergegenwärtigung von Geschichte in Schillers ‚Dom Karlos'*. In: Brandt, S. 235

3 Braun, S. 301

dass Begriffe, die für sie wichtig sind und für die damaligen Zeitgenossen mit genau beschreibbaren und umkämpften Inhalten verbunden waren – „Menschlichkeit" (167), „Freiheit" (172) usw. als Inhalte des Idealismus –, heute Versatzstücke geworden sind, die für alles und jeden, selbst für Kriegsbegründungen herhalten müssen, ohne dass es für ihre Verwendung einen Konsens gäbe. Eine Beschäftigung mit Schillers Werken muss diese Begriffe wieder mit ihren ursprünglichen Inhalten füllen. Schiller setzte zusätzlich eine Vielzahl heute oft ungewohnter sprachlicher Mittel ein, die das aktuelle Verständnis erschweren. Diese Schwierigkeiten versucht dieser Kommentar zu beheben, aber er geht auch der komplizierten Entstehungsgeschichte und den variationsreichen, oft gegensätzlichen Interpretationen des Stücks nach, die von dem uneingelösten Freiheitsanspruch eines Posa bis zur Absage an jegliches Fortschritts- und Freiheitsdenken reichen.

1. Friedrich Schiller: Leben und Werk

1.1 Biografie

Jahr	Ort	Ereignis	Alter
1759	Marbach am Neckar	10. November: Johann Christoph Friedrich Schiller als zweites Kind geboren. Vater: Johann Kaspar Schiller, Feldscher, Wundarzt, Offizier; Mutter: Elisabeth Dorothea, geb. Kodweiß, Gastwirtstochter.	
1764/66	Lorch	Die Familie folgt dem Vater in seine Standorte, zieht mehrfach um und wohnt schließlich in Lorch: erster Elementarunterricht.	5/7
1767	Ludwigsburg	Eintritt in die Lateinschule; das Kind soll Geistlicher werden. Besuch der Schule gemeinsam mit Friedrich Wilhelm von Hoven. Schulabschluss 1772; Aufforderung des Herzogs an den Vater, den Sohn auf die Militärische Pflanzschule zu entsenden.	8
1773–80	Stuttgart	Militärische Pflanzschule des Herzogs Karl Eugen von Württemberg (spätere Hohe Karlsschule), anfangs auf der Solitude bei Stuttgart. Kasernenleben. Juristische, seit 1776 medizinische Studien. Mehrfache Erkrankung.	13–21
1777	Stuttgart	Erste Szenen der *Räuber*. Sie erscheinen 1781.	18

Jahr	Ort	Ereignis	Alter
1779	Stuttgart	14. Dezember: Stiftungstag der Karlsschule in Anwesenheit Karl Augusts von Sachsen-Weimar, Goethes und des Freiherrn von Dalberg (seit 1778 Intendant des Mannheimer Theaters).	20
1780–82	Stuttgart	15. Dezember 80: Regimentsmedikus bei dem Grenadierregiment Augé. Militärarzt und Dichter. Hat den Ruf eines Verschwenders.	21–23
1781	Mannheim	Herbst: Durch Vermittlung seines Taufpaten General Rieger, Kommandant des Gefängnisses, Besuch bei dem zehn Jahre eingekerkerten Dichter und Publizisten Christian Friedrich Daniel Schubart (1739–1791) auf dem Hohenasperg. – Uraufführung der *Räuber* am 13. 01. 1782 im Beisein Schillers, der sich unerlaubt von Stuttgart entfernt hatte.	22
1782	Bauerbach	Ankunft am 7. Dezember: Nach Arrest (28. 06.–11. 07.) wegen 2. unerlaubter Reise nach Mannheim und Verbot des „Komödienschreibens" durch den Herzog flieht Schiller am 22. 09. als „Dr. Ritter" mit seinem	23

Jahr	Ort	Ereignis	Alter
		Freund Andreas Streicher[4] über Mannheim auf das Gut Henriette von Wolzogens. – Umfangreiche literarische Arbeiten.	
1783	Bauerbach	Erster Plan zum *Dom Karlos. Prinz von Spanien* („*Bauerbacher Entwurf*"). 24. Juli: Plötzliche Abreise nach Mannheim.	23
1783	Mannheim	1. September–31. August 1784: Theaterdichter bei Dalberg, wenig Gehalt und hohe Ausgaben. Schwere Erkrankung.	23–24
1784	Mannheim	Mai: Bekanntschaft mit Charlotte von Kalb (1761–1843). Juni: Erste Begegnung mit Charlotte von Lengefeld, seiner späteren Frau. Karl August von Sachsen-Weimar und Eisenach verleiht ihm den Titel „Rat" (27. 12. 1784) nach der Lesung des 1. Aktes von *Dom Karlos* vor dem Darmstädter Hof.	24–25
1785	Mannheim	März: Veröffentlichung der *Rheinischen Thalia* (einziges Heft, das später als 1. Heft der *Thalia* gezählt wird). Darin: *Dom Karlos* (Vorwort,	25

4 Johann Andreas Streicher (1761–1833), ein junger Stuttgarter Musiker, der aus einer Handwerkerfamilie stammte, sah Schiller erstmals am 12. Dezember während der Medizinprüfungen und am 15. Dezember 1780 bei der Entlassung aus der Karlsschule. Im Juni 1781 lernten sich beide persönlich kennen und Streicher stellte das für seine Musikausbildung vorgesehene Geld für die Flucht 1782 zur Verfügung und begleitete Schiller bis Worms. Am 8. April 1785 verabschiedeten sich beide in Mannheim voneinander, als Schiller nach Leipzig aufbrach, und sie sahen sich danach nie wieder. Er schrieb *Schillers Flucht von Stuttgart und Aufenthalt in Mannheim von 1782 bis 1785*. Stuttgart und Augsburg, 1836, ein wichtiges Dokument über die Entstehungszeit des *Don Karlos*.

Jahr	Ort	Ereignis	Alter
		1. Akt mit 1349 Versen und einigen Prosabemerkungen, vgl. 1. Akt der Ausgabe 1805: 1014 Verse).	
1785–87	Dresden	Auf Einladung Christian Gottfried Körners ist Schiller zuerst Gast in Leipzig (Gohlis), dann in Dresden (11. 09. 85–20. 07. 87, u. a. im Weinberghäuschen in Loschwitz). Körner regelt Schillers Schulden. Freundschaft mit Huber und der Familie Körner. Leidenschaft zu Henriette von Arnim, Trennung. Abschluss und Veröffentlichung des *Dom Karlos* mithilfe Körners.	25–28
1787	Weimar	Juli: Reise zu Charlotte von Kalb. Bekanntschaft mit Wieland, Herder, Herzogin Anna Amalia u. a. August: Aufenthalt in Jena.	27
	Rudolstadt	6. Dezember: Trifft wieder auf die Schwestern von Lengefeld. Es entwickelt sich eine spannungsvolle Dreiergemeinschaft.	28
1788	Weimar	*Geschichte des Abfalls der vereinigten Niederlande von der spanischen Regierung.* Intensive historische Studien. Begegnungen mit Charlotte von Lengefeld.	28

Jahr	Ort	Ereignis	Alter
	Volkstädt	Mai: Charlotte von Lengefeld mietet Schiller eine Wohnung. Tägliche Besuche bei der Familie in Rudolstadt, wohin er im August umzieht. 7. September: Eine erste Begegnung mit Goethe bei den Lengefelds verläuft distanziert.	28
	Weimar	15. Dezember: Goethe sorgt dafür, dass Schiller auf eine außerordentliche Professur für Philosophie (Geschichte ist besetzt) zu Ostern 1789 in Jena berufen wird. Dankbesuch bei Goethe.	29
1789	Jena	11. Mai: Übersiedlung nach Jena, historische Studien. 26. Mai: erfolgreiche Antrittsvorlesung *Was heißt und zu welchem Ende studiert man Universalgeschichte?* Auf einer Reise nach Leipzig macht ihm Charlottes Schwester Karoline von Beulwitz, die Schiller ebenfalls liebt, in Bad Lauchstädt Hoffnung auf eine Verbindung mit Charlotte. Geheim gehaltene Verlobung im August.	29
	Rudolstadt	September/Oktober: einmonatiger Urlaub. Historische Arbeiten. Charlotte von Kalb will die Ehe lösen und hofft, sich mit Schiller zu verbinden. Verwirrung in den persönlichen Beziehungen, da er beide Schwestern von Lengefeld gleichermaßen liebt.	29

Jahr	Ort	Ereignis	Alter
	Jena	24. Dezember: Der Verleger Göschen schlägt Schiller als Thema für den *Historischen Calender* die *Geschichte des Dreißigjährigen Krieges* vor.	30
1790	Jena	2. Januar: Hofrat des Meininger Hofs.	30
	Wenigenjena	22. Februar: Trauung mit Charlotte von Lengefeld.	
	Jena	Goethe besucht Schiller am 31. Oktober in Jena; sie sprechen über die Philosophie Kants.	30
1791	Jena	Januar: Ausbrechen der schweren Krankheit Schillers (kruppöse Pneumonie, begleitet von einer trockenen Rippenfellentzündung), die ihn für das weitere Leben belastet. An seinem Krankenbett wacht auch der junge Novalis. Schiller wird von den Vorlesungsverpflichtungen entbunden. Beginn der Kant-Studien.	31
	Karlsbad	Juli: Mit Charlotte und Karoline zur Kur.	31
	Kopenhagen	Dezember: Das Gerücht von Schillers Tod war zu dem dänischen Schriftsteller Jens Baggesen gelangt, der Schiller 1790 in Jena besucht hatte. Nachdem es sich als falsch herausstellt, erwirkt er beim Herzog Friedrich Christian von Schleswig-Holstein-Augusten-	32

Jahr	Ort	Ereignis	Alter
		burg für Schiller eine Pension für drei Jahre.	
1792	Jena	Fortsetzung der Kant-Studien. Er erfährt aus der Zeitung, dass er „Bürger Frankreichs" geworden ist (Diplom erst 1798 erhalten). Trägt sich mit dem Gedanken einer Denkschrift zur Verteidigung des französischen Königs.	33
1793	Paris	21. Januar: Die Hinrichtung des Königs verhindert die Realisierung von Schillers Schrift und löst Ekel über die „Schinderknechte" bei ihm aus.	33
	Jena	April/Mai: Ende der letztlich wenig erfolgreichen Universitätstätigkeit mit einem Kolleg über Ästhetik. Sein Nachfolger trifft erst im April 1794 ein.	33
1793–94		Juli: Besuch Baggesens in Jena, Reise mit Charlotte nach Schwaben, zeitweise mit Baggesens. 14. 09.: Geburt des ersten Sohnes Karl, drei weitere Kinder folgen. Im Oktober 1793 in Stuttgart beim Besuch der Karlsschule enthusiastisch gefeiert. März 1794: Übersiedlung nach Stuttgart, vielfältiger gesellschaftlicher und wissenschaftlicher Umgang, Freundschaft mit dem Verleger Cotta. Rückreise über Würzburg und Meiningen.	33–34

Jahr	Ort	Ereignis	Alter
1794	Jena	14. Mai: Rückkehr. Freundschaft mit Wilhelm von Humboldt, mit Goethe seit dem Gespräch über Arten der Naturbetrachtung am 20. Juli. In den nächsten Jahren gemeinsame Arbeit (u. a. an den *Xenien*, am *Wallenstein*).	34
1797	Jena	„Balladenjahr" (Wettstreit mit Goethe).	38
1798	Weimar	12. 10.: Uraufführung: *Wallensteins Lager* anlässlich der Eröffnung des umgebauten Theaters. Die dramatische Laufbahn wird wieder fortgesetzt. Die Einkünfte steigen.	39
1799	Weimar	3. Dezember: Schillers Familie zieht nach Weimar.	40
1801	Dresden	August: Reise über Naumburg nach Dresden, Wohnung wiederum im Weinberghaus in Loschwitz, 20. September wieder in Weimar.	41
1802	Weimar	April: Einzug in das erworbene Haus an der Esplanade (heute: Schiller-Haus).	42
	Wien	Schiller erhält am 16. November aus Wien das Adelsdiplom vom 7. September über den erblichen Adel.	43
1803	Bad Lauchstädt	Aufenthalt vom 2. bis 14. Juli, wird von Studenten aus Halle und Jena nach der Aufführung der *Braut von Messina* gefeiert.	43

Jahr	Ort	Ereignis	Alter
1804	Berlin	26. April: Reise nach Berlin über Weißenfels, Leipzig und Potsdam. Audienz bei Königin Luise, die ihn nach Berlin holen möchte. Am 21. Mai wieder in Weimar. Gibt Gedanken an Berlin auf.	44
1805	Weimar	1. Mai: Letzter Theaterbesuch und letzte Begegnung mit Goethe. Erkrankt an akuter Pneumonie. 9. Mai: Schillers Tod. 12. Mai traditionsgemäß zwischen 0 und 1 Uhr: Beisetzung im „Landschaftskassengewölbe" (Grablege für Standespersonen ohne Erbbegräbnis).	45
1827	Weimar	16. Dezember: Beisetzung in der Fürstengruft.	

1.2 Zeitgeschichtlicher Hintergrund

Zwei zeitgeschichtliche Abschnitte sind für den *Don Karlos* wichtig: 1555 bestieg Philipp II. (1527–1598), der Sohn Karls V., den spanischen Thron und herrschte über ein riesiges Reich, zu dem neben den spanischen Gebieten die burgundisch-habsburgische Macht, die amerikanischen Kolonien (Neuspanien, Neugranada), italienische Besitzungen (Mailand, Neapel, Sizilien und Sardinien), die Philippinen und die Niederlande gehörten. Kaiser Karl V. hatte eine Macht wie kein anderer Herrscher des Mittelalters auf- und ausgebaut; seine Absicht war, diese katholische spanische Macht als kaiserliche Macht in Deutschland dauerhaft zu verfestigen. Das stieß auf den Widerstand der protestantischen deutschen Fürsten, löste aber auch Unruhen in den Niederlanden aus, die unter spanischer Herrschaft standen. Die Protestanten der Niederlande waren für Karls Sohn und Nachfolger Philipp II., Don Karlos' Vater, „Ketzer...", ihr Glaube die „Pest" (892 ff.), die nur mit einem „Blutgericht" zu bekämpfen waren.

Zum anderen war die Entstehungszeit die konfliktreich bewegte Phase vor der Französischen Revolution von 1789 und die Zeit des amerikanischen Unabhängigkeitskrieges (1776 Unabhängigkeitserklärung). Baggesens Frau Sophie schrieb am 19. 10. 1792 begeistert an Schillers Frau: Frankreich sei „ein Triumph der Freiheit und der herannahenden Vernunft! Wie müssen Könige vor ihnen sinken! Man spricht nichts und hört nichts als Frankreich; es ist auch das Edelste, was so allgemein gedacht worden ist. Wie wird der Autor von *Don Carlos* sich freuen."[5]

Philipp II. war das Haupt der europäischen Gegenreformation

Philipp II. war das Haupt der europäischen Gegenreformation. Durch die von Geistlichen gelenkte Erziehung wurde er unbeugsam, starrsinnig und bigott. Das war der Teil **Philipps II., der für den „Despoten"** stand. Schiller verwendete für das Umfeld Philipps II. sowohl im *Don Karlos* als auch in zeitlich zugehörigen Werken

5 Wölfel, S. 95, vgl. dort auch Baggesens Verhältnis zum *Don Karlos*.

ein entsprechendes Wortfeld: „Despotismus" und „Despotengröße" (NA 22, 153), „des Despoten Seele" (2970), einen „despotischen finstern Charakter" (*Geschichte des Dreißigjährigen Krieges* 1. Teil, 1. Buch), Despot als „unnützliche(s) Geschöpf" (NA 16, 169) usw. – Philipp hatte die besten Heere Europas und die erfolgreichsten Feldherren zur Verfügung, aber trotz seiner Macht wurde er in Deutschland nicht zum Kaiser gewählt. Während seiner Regierungszeit verlor sogar die spanische Herrschaft an Bedeutung, die Vertreibung der Morisken (christliche Araber, vor allem für Seidenindustrie und Landwirtschaft wichtig) aus Südspanien führte zum wirtschaftlichen Niedergang. Sinnfälliger Ausdruck dafür wurde die Niederlage der Armada, Spaniens riesiger, als unbesiegbar geltender Flotte, vor Englands Küste (1588), die Schiller auf 1568 vorverlegte und in den *Don Karlos* einbezog.

Veränderung in der historischen Chronik

Es war nicht die einzige Veränderung in der historischen Chronik: Karlos hat mit seinem historischen Vorbild keine Ähnlichkeit, ja, ist geradezu sein Gegensatz. Die Liebe zu seiner Stiefmutter ist historisch nicht verbürgt. Die Befreiung Maltas, von der Alba berichtet (2900 ff.), fand 1565 statt. Alba war bereits im April 1567 in die Niederlande aufgebrochen und konnte 1568 nicht am Hof in Madrid sein, Karlos war im Januar 1568 aus medizinischen Gründen von der Öffentlichkeit ferngehalten worden, Egmont wurde im Juni 1568 in Brüssel hingerichtet, Karlos kann ihn nicht aufsuchen, wie Posa meint (3487 f.). Karlos starb im Juli. Es ging Schiller nicht um ein stimmiges Geschichtsbild, sondern um die vergleichbare Epochenproblematik zweier Zeiten.

In der Eröffnung des Stücks wird **das entscheidende politische Thema** des Dramas von Posa angesprochen: Er wurde von einem „unterdrückte(n) Heldenvolk" (154) ausgesendet, um Hilfe zu holen.

Befreiungskampf der Niederländer

Der Befreiungskampf der Niederländer, der gegen Philipp II. begann, dauerte fast 100 Jahre und bedeutete einen Wendepunkt in der europäischen Staatengeschichte. So eröffnete auch Schiller seine *Geschichte des Abfalls der vereinigten Niederlande* und fügte hinzu, „die

Gründung der niederländischen Freiheit" habe das 16. Jahrhundert „zum glänzendsten der Welt gemacht" (NA 17, 10). Einer der Helden war Lamoral, Graf von Egmont, Prinz von Gavre (1522–1568), der in der Gunst Karls V. stand und von Philipp II. zum Statthalter von Flandern und Artois berufen wurde. Zu diesen Niederlanden gehörten Holland, Luxemburg, das heutige Belgien und Teile des heutigen Frankreichs; es war eines der reichsten Länder Europas und, besonders in den bürgerlichen Schichten, protestantisch geprägt, was für zusätzliche Spannung mit dem katholischen Spanien führte. Für die Wirtschaftskraft sprachen die Seefahrts- und Handelstätigkeit (Antwerpen), die entwickelten bürgerlichen Manufakturen und die moderne Produktion. Das hohe Steueraufkommen benötigte Philipp II. für seine Kriegsführung. Der niederländische Hochadel, besonders die Mitglieder des Staatsrates, versuchten, Philipps Politik zu mildern; Egmont wurde deshalb 1565 in Madrid vorstellig und forderte, ergebnislos, die Zurückdrängung des katholischen Einflusses. Es entstand daraufhin ein Geheimbund des Adels. Nach dem Bildersturm des Volkes von 1566 schickte Philipp II. Herzog Alba mit einem Heer in die Niederlande. Er sollte die spanische Herrschaft und den Einfluss der katholischen Kirche (Inquisition) sichern. Albas Heer wütete barbarisch; eines der Opfer war Egmont, der am 5. Juni 1568 enthauptet wurde. Daraufhin entbrannte der Widerstand des niederländischen Volkes erst recht, der 1609 die weitgehende Unabhängigkeit brachte, die 1648 im Westfälischen Frieden von Spanien endgültig bestätigt wurde. Damit hatte sich als Folge eines Befreiungskrieges erstmals in Europa eine selbstständige bürgerliche Nation herausgebildet.

Das in Schillers Werk wichtigste politische Ereignis war die Gefährdung der Selbstständigkeit der Niederlande, „... wenn Alba, / Des Fanatismus rauer Henkersknecht, / Vor Brüssel rückt mit spanischen Gesetzen." (161 ff.) Den Niederlanden sollten die spanische Verwaltung und der katholische Glauben aufgezwungen werden. Es gelang Alba trotz seines berüchtigten Blutrats nicht, den Aufstand niederzuwerfen. Karlos zu Alba: „Man spricht, / Sie führten einen Vorrat Blutsentenzen, / Im Voraus unterzeichnet, mit?", 1449 ff. (= blanko unterschriebene Todesurteile). Alba stand, das wird im Stück deutlich, für die Vernichtung von Niederländern (vgl. 691 ff.). Am Ende der Begegnung zwischen Karlos und der Königin (1.5.) überlagern sich Liebes- und politischer Konflikt. Karlos bekommt Post zur Erledigung, „diese Tränen aus den Niederlanden." (808) Die Beziehung zwischen dem privaten und dem politischen Konflikt war schon im *Bauerbacher Entwurf* angelegt: Karlos gerät im 4. Akt in eine „neue Gefahr", „A. König entdeckt eine Rebellion seines Sohnes. B. Diese weckt die Eifersucht wieder. C. Beide zusammen vereinigt, stürzen den Prinzen." (NA 7 II, 184) – Mit der Utrechter Union (1579) war der Abfall der nördlichen sieben Provinzen entschieden. Philipp II. hinterließ bei seinem Tod ein zerrüttetes Land, in dem nur die Kirche zu enormen Reichtum gekommen war. – Philipp II. war viermal verheiratet. Aus der ersten Ehe mit Maria von Portugal stammte der Thronfolger Don Karlos. In dritter Ehe war er mit Elisabeth, der Tochter Heinrichs II. von Frankreich, vermählt, die bereits 1568 starb; sie war zuerst Don Karlos als Braut zugedacht. Nur kurzzeitig milderte diese Ehe („Unterpfand zerbrechlicher Verträge / für einen Frieden schändlich hingeschlachtet", NA 6, 380) die Spannungen zwischen Spanien und Frankreich.

Bauerbacher Entwurf

Die zeitgenössischen Verhältnisse vor der Französischen Revolution und der amerikanische Unabhängigkeitskrieg wurden von Schiller von Beginn an mitgedacht. Den Unabhängigkeitskrieg hatte er schon in *Kabale und Liebe* aufgenommen, zusätzliche Informationen bekam er von Heinrich von Kalb – Charlotte von Kalbs Mann, der 1784 gerade aus Amerika zurückgekommen war, wo er in französischen Diensten gegen die Engländer gekämpft hatte. – Die Ideen der Aufklärung und der französischen Enzyklopädisten waren Schiller vertraut, das wurde in dem frühen Bekenntnis zum politischen Inhalt des Stücks deutlich: Er wollte, „in Darstellung der **Inquisition**, die prostituierte Menschheit ... rächen, und ihre Schandflecken fürchterlich an den Pranger ... stellen" (Brief vom 14. April an Reinwald, NA 23, 78 ff.). Die Inquisition war in-

Verhältnisse vor der Französischen Revolution und der amerikanische Unabhängigkeitskrieg

nerhalb des Familienkonflikts ein Hauptthema, im *Thalia-Fragment* (1785) erschien Pater Domingo, der Beichtvater des Königs, noch als „gewesener Inquisitor" (NA 6, 346). Es war auch nicht so, dass es die Inquisition zu Schillers Zeit „nicht mehr gab"[6], sondern sie war gegenwärtig: 1759 hatte sie Diderots und d'Alemberts *Encyclopédie* verboten.[7] 1781 kam es bei Autodafés zu Verbrennungen auf dem Scheiterhaufen und erst die Französische Revolution veränderte die Rolle der Inquisition durchgreifend, bis sie nach 1808 von Napoleon durch Dekrete verboten wurde, ohne dass sie damit schon völlig beseitigt war. Erst 1829 beendete Papst Pius VIII. die Unabhängigkeit der spanischen Inquisition.[8]

Die Inquisition war das Ketzergericht der römisch-katholischen Kirche. Sie vernichtete dabei Andersdenkende oder der Macht der Kirche im Wege stehende Menschen. In Spanien war sie seit 1480 eine mächtige Einrichtung, getragen von den Dominikanern, mit einer eigenen Armee (eingeführt 1208 in Frankreich, seit 1494 in Spanien, genannt „Miliz Christi"), einer eigenen Fahne und einem flächendeckenden Spionagesystem, in das wohlhabende Familien eintraten, um nicht verdächtigt zu werden.[9] In der Macht hatte die Inquisition den Adel deutlich überflügelt und wurde so zur entscheidenden Kraft bei der Durchsetzung des Absolutismus. Bei öffentlichen Auftritten hatte der Großinquisitor den Vortritt vor dem König.[10] –

Verdächtigungen reichten zur Anklage aus. Zur Überführung der Begeschuldigten benutzte man die Folter, die wie auch die Strafen unvorstellbar brutal und unmenschlich waren. Die Inquisitoren galten als verschlagen, grausam und fanatisch; in der Regierungszeit Philipps II. wurden 3 990 Verhaftete lebendig, 1 845 in effigie („im Bild", bildlich) verbrannt, 18.450 auf die Galeere verbannt. Die Inquisition machte auch vor hochgestellten Personen nicht Halt; selbst gegen Kaiser Karl V. führte sie nach seinem Tod einen Ketzerprozess. Karlos soll

6 Safranski, S. 230
7 Edwards, S. 165
8 Ebd., S. 178
9 Helbing, S. 149
10 Ebd., S. 151 ff., 164 ff.

in diesem Zusammenhang „zweideutige Ausrufungen" getan haben, die „Drohungen gegen das Inquisitionsgericht" enthielten, so heißt es in Schillers *Thalia-Fragment* 1786 (NA 6, 407). Er zog sich deswegen den Hass der Inquisitoren zu. Im *Thalia-Fragment* 1785 war die antiklerikale Haltung Karlos' wesentlich deutlicher als in der endgültigen Fassung: Posa beschreibt ihn als Menschen, der „den gift'gen Schierlingstrank des Pfaffentums" von sich stieß, der „gegen Priesterblitze und eines Königs schlaue Heiligkeit ... die Rechte der unterdrückten Menschheit geltend machte, der zu Madrid für Ketzer bat, am Turme der Santa Kasa für die Duldung stimmte" usw. (NA 6, 363). –
Karl V. hatte die Inquisition in den Niederlanden eingeführt; in kurzer Zeit wurden 50.000 Menschen ermordet. Das war ein Grund für den Aufstand der Niederländer gegen die Spanier. Schiller hatte dieser barbarischen Macht den Kampf von Beginn an angesagt und den Familienkonflikt zur Abrechnung mit der mächtigen Inquisition benutzt.

1.3 Angaben und Erläuterungen zu wesentlichen Werken

Kein Werk Schillers nimmt in der Drucklegung und bei der Zusammenstellung der mit ihm in direkter Beziehung stehenden Texte so viel Raum ein wie *Don Karlos*. –

1784

1784 *Die Schaubühne als eine moralische Anstalt betrachtet*: Es ist die umgearbeitete Antrittsrede in der Kurfürstlichen Deutschen Gesellschaft in Mannheim, zu deren Mitglied Schiller am 8. Januar 1784 gewählt worden war. Sie erschien in der *Rheinischen Thalia*, gemeinsam mit dem 1. Akt des *Don Karlos*. Schiller stützte sich auf Lessings *Hamburgische Dramaturgie* und einen Essay von Jean Louis Sébastien de Mercier – eine wichtige Quelle für *Don Karlos* –, den Heinrich Leopold Wagner unter dem Titel *Neuer Versuch über die Schauspielkunst* übersetzt hatte. Schiller entwickelte den Gedanken, dass politische und moralische Macht ebenbürtig seien und das Recht des Theaters dort beginne, wo das Gesetz ende. Die Kunst stehe, vergleichbar mit der Religion, über den ständig veränderbaren staatlichen Gesetzen und sei zudem eine Macht, die nicht nur Pflichten bestimme, sondern die freies Handeln als ihr Ziel sehe. Unter diesen Prinzipien sind Figuren wie Karlos und Posa zu sehen. In Schillers Überhöhungen wurde Vertrauen in die pädagogisch-ethischen Wirkungen der Kunst deutlich, die in die Herzen der Fürsten gedrungen sei und dort Menschlichkeit und Duldung (Toleranz) verbreitet habe.

1785

1785 Oktober: *Untertänigstes Pro Memoria an die Consistorialrat Körnerische weibliche Waschdeputation in Loschwitz eingereicht von einem niedergeschlagenen Trauerspieldichter*: Schiller beschreibt in heiteren, teils sarkastischen Versen die Arbeit an den Eboli-Szenen im *Karlos*, während die Hausangestellten ihren Verrichtungen, besonders dem Wäschewaschen, nachgehen: „Die Wäsche klatscht vor meiner Tür, / es scharrt die Küchenzofe – / und mich – mich ruft das Flügeltier / Nach König

Philipps Hofe." (NA 1, 159) Er stellt die Liebesszene zwischen Karlos und der Eboli heraus, „in ihren Augen Götterlust, / doch in den seinen, Trauer." Das Gedicht endet: „Der Teufel soll die Dichterei / beim Hemdenwaschen holen."

1788 Zwölf *Briefe über Don Karlos*: Zur Buchausgabe des *Don Karlos* hatte es Rezensionen und auch mündliche Äußerungen gegeben, auf die Schiller mit diesen Briefen antwortete, sie erschienen im 3. und 4. Vierteljahresheft von Wielands *Teutschem Merkur.* Die dialektische Sicht in Posas Denken wurde in diesen Briefen ausgebaut. War Schiller zu Beginn Karlos näher, so wurde er nun Posa ähnlicher. Das mündete in die Überlegung eines neuen Planes zum Stück mit Posa als dem einzigen Helden. Er rechtfertigte die Verschiebung des Interesses von Karlos zu Posa, die während der Entstehung stattgefunden habe, und das Verhalten Posas, dem in den Briefen das größte Interesse gilt. Der Kritik, Posa gehöre nicht in das gewählte Zeitalter, begegnet Schiller mit dem nachdrücklichen Hinweis auf die Aktualität dieses Charakters, denn es sei „von Menschenrechten und Gewissensfreiheit" die Rede (NA 22, 141).[11] Auch verteidigte er die Einheit des Dramas.

1788

1788 *Über ,Egmont', Trauerspiel von Goethe*: Goethes *Egmont* (am 5. September 1787 in Italien vollendet, 1788 im 5. Band von *Goethes Schriften* veröffentlicht) spielt thematisch im gleichen Umfeld. Im Mittelpunkt steht die Gefangennahme und Hinrichtung des niederländischen Grafen Egmont durch den spanischen Herzog Alba (1568). 1788 schrieb Schiller dazu eine Rezension, in der er als ursprüngliche Konzeption den Freiheitsdrang der Niederländer und die Glaubensverfolgung gegen sie herausstellte. Schiller bearbeitete das Stück 1796 für ein Gastspiel Ifflands und betonte dabei die politischen Aspekte des Stoffes. Am Beispiel des Goethe'schen Stückes machte Schiller noch einmal die Unterschiede zwischen seinen dramaturgischen An-

11 Ein Jahr später gab es in Frankreich die *Deklaration der Rechte des Menschen und des Bürgers* (26. 08. 1789) mit der zentralen Losung der Revolution „Liberté, égalite, fraternité". Die Nationalgarden trugen seit 1791 den Spruch auf der Brust, seit 1793 stand er an den Häusern in Paris. – Bereits 1787 hatte die Verfassung der gerade entstandenen Vereinigten Staaten von Amerika ähnliche Forderungen erhoben.

sichten und denen Goethes deutlich. Ihm bescheinigte er, dass das Stück durch den Menschen Egmont zusammengehalten werde, nicht durch Leidenschaften oder Situationen; dazu sei Egmonts Charakter nicht groß genug. Schiller hob hervor, wie Goethe „den Geist jener Zeit und jenen politischen Zustand der Niederlande" hervorgebracht habe, indem das alltägliche Leben der Niederländer gestaltet wurde. Er hatte im *Don Karlos* den ideellen Überbau dieses Alltags beschrieben. Ein grundsätzlicher Unterschied zwischen beiden klassischen Dichtern wurde deutlich.

1788 *Geschichte des Abfalls der vereinigten Niederlande von der spanischen Regierung*: Die Schrift begründete Schillers Ruhm als historischer Schriftsteller. Er hatte sich dem Material bereits während der Arbeit am *Don Karlos* gewidmet, denn die Interessen für historische Wahrheit und für psychologische Genauigkeit waren bei Schiller vorhanden und bedingten einander. In seiner *Einleitung* betonte er sein Interesse an der niederländischen Freiheit und der damit verbundenen Revolution, weil „die bedrängte Menschheit um ihre edelsten Rechte" gerungen und dabei „über die furchtbaren Künste der Tyrannei" gesiegt habe.

1788 *Des Grafen Lamoral von Egmont Leben und Tod*, veröffentlicht 1789 im 8. Heft der *Thalia*: Der Aufsatz ergänzte als Beilage Schillers *Abfall der vereinigten Niederlande*. Er beschrieb die Anklage gegen Egmont, der die 82 Anklagepunkte widerlegen konnte, aber trotzdem hingerichtet wurde. Egmont als Ritter des goldenen Vlieses (s. S. 69) zu schützen, wie es die Ordensregeln vorsahen, lehnte Alba ab.

1788 ff.

1788 ff. *Die Malteser*, Dramenfragment: Der Plan, die Belagerung Maltas 1565 zu dramatisieren, entstand im Zusammenhang mit dem *Don Karlos* und stammte aus den gleichen Quellen. Im 3. *Brief über Don Karlos* sprach Schiller von einem zukünftigen Stück, in dem er leidenschaftliche Freundschaft thematisieren wolle, denn das sei nicht das Ziel im *Don Karlos* gewesen (NA 22, 142). – In einer frühen Personenliste der *Malteser* findet sich ein „von Posa" (NA 12, 17). Posa, der in den *Thalia-Fragmenten* „Kammerjunker des Prinzen" (NA 6, 346) war, ist seit der Buchfassung des *Don Karlos* von 1787 Malteserritter.

2. Textanalyse und -interpretation

2.1 Entstehung und Quellen

Die Entstehung des Stückes von 1782 bis 1787 erlebte mehrere Wandlungen, die durch die Veröffentlichung verschiedener Arbeitsstufen deutlich erkennbar sind. Schiller gab später **bestimmte Brüche** wie die zwischen den ersten zwei Akten, die Karlos gehören, und den drei abschließenden Akten, die im Zeichen Posas stehen, zu (*Briefe über Don Karlos*). Die Textgestaltung beschäftigte Schiller bis zum Tod. –

Textgestaltung beschäftigte Schiller bis zum Tod

1782 hatte ihm der Mannheimer Theaterintendant Wolfgang Heribert von Dalberg den Stoff empfohlen und dabei wohl auf eine Kombination von neuem bürgerlichen Trauerspiel, das zu der Zeit ein erfolgreicher moderner Dramentyp war, mit der alten Haupt- und Staatsaktion gehofft. Erste Überlegungen stammen aus dem Stuttgarter Arrest, als Schiller bereits den *Don Karlos* das nächste seiner Werke nannte. – Von Beginn an war das Stück als ein politisches, in dem die Abrechnung mit der unmenschlichen Inquisition eine wichtige Rolle spielen sollte, und als großes historisches Stück, „hohe Tragödie" (Brief Schillers an Dalberg vom 24. August 1784; NA 7 II, 18) mit Rückgriff auf das bürgerliche „Familiengemälde", gedacht. (1786 bezeichnete Schiller im *Thalia-Fragment* am Ende des 2. Akts den *Dom Karlos* als „ein Familiengemälde aus einem königlichen Hause" (NA 6, 495).)
1783 stand deshalb am Beginn der Arbeit auch das Studium der spanischen Sitten und politischen Verhältnisse zur Regierungszeit Philipps II. Im Dezember 1782 ließ sich Schiller von Wilhelm Friedrich Hermann Reinwald, er wurde 1786 sein Schwager, die Werke des Abbé St.-Réal („*Oeuvres de Mons.* L'Abbé St.-Réal. [Denjenigen Teil wo die Geschichte des Don Carlos von Spanien vorkommt.]" NA 7 II, 12) besorgen. Es handelte sich um Saint-Réals *Histoire de*

Saint-Réals *Histoire de Dom Carlos*

Dom Carlos, Fils de Philippe II., Roy d'Espagne (1672), in der Varianten des Philipp-Karlos-Elisabeth-Stoffes vereinigt und auf den liebenden Prinzen Karlos hin ausgerichtet waren. Diese Version des Stoffes war die verbreitetste. – Schiller hatte neben Shakespeare auch andere Vorbilder: Gotthold Ephraim Lessings *Emilia Galotti* (1772) und Johann Anton Leisewitz' *Julius von Tarent* (1776), das er auf der Karlsschule besonders liebte. Es hatte sich in der Figurenkonstellation bereits deutlich auf die *Räuber* ausgewirkt. Nun wirkte es auf *Don Karlos*: Schillers Stück sollte antifeudal wirken.

Leisewitz' *Julius von Tarent*

In Leisewitz' Drama, es ging in seiner formalen Gestalt auf Lessings *Emilia Galotti* und Shakespeares *Hamlet* zurück, wird eine Familientragödie durch den Einbruch bürgerlicher Ideen ausgelöst. Die Söhne des Fürsten von Tarent, Julius, der Ältere und ein Abbild Hamlets, und Guido, wollen beide das schöne Mädchen Blanka, das an Ophelia erinnert. Julius, der aus den Konventionen seines Standes ausbricht, beruft sich auf seine Liebe, seine Leidenschaft und damit auf das Naturrecht; Guido – „Ich bin zum Kriege geboren." – kennt eigentlich keine Liebe, will aber das Mädchen aus Ehrgeiz erobern und glaubt, durch seine Tapferkeit Anspruch auf dessen Schönheit zu haben. Deshalb bezeichnet er sie in Turnieren als seine Geliebte. Er lebt die gesellschaftlichen Normen. Der Vater steckt Blanka in ein Kloster. Julius will schließlich auf seinen Fürstentitel verzichten, Blanka entführen und fern der Heimat glücklich leben. Als Julius seinen Plan umsetzt, ersticht ihn Guido und wird dadurch ehrlos, denn Brudermord ist eine Todsünde. Blanka wird an Julius' Leiche wahnsinnig. Der Vater verurteilt Guido als Brudermörder zum Tode und richtet ihn selbst. Die Dynastie hat sich selbst zerstört; der greise Vater entsagt dem Thron und zieht sich in ein Kartäuserkloster zurück. – Julius steht im Widerspruch zu seinem Stand, wie Karl Moor (*Die Räuber*) und Ferdinand von Walter (*Kabale und Liebe*). Sein Denken wird von Rousseaus scharfer Kritik an der Verkommenheit von Staat und Gesellschaft im *Gesellschaftsvertrag* bestimmt.[12] Sein Enthusiasmus und die Rousseau verpflichteten Ideen haben Posa geprägt, die dämonisch wirkende Leidenschaft des Julius wirkte in Karlos' Liebe weiter. Das zielt auf die Welt als Vaterland, auf die Gleichheit aller Menschen und die Zerstörung jeder Knechtschaft, auf eine für alle Menschen geltende Sprache, auf Freiheit im Gegensatz zu staatlicher Tyrannei. Während aber Julius nur für sich spricht, wollen Schillers Helden – so auch Posa – Vertreter der Unterdrückten sein.

Figaros Hochzeit

Es ist die Zeit von **Mozarts *Figaros Hochzeit***. Es gibt zahlreiche Ähnlichkeiten: Beide Stücke spielen in fürstlichen Residenzen. Auch in *Figaros Hochzeit*, auf das in Deutschland damals verbotene Stück *Der tolle Tag* von Beaumarchais zurückgehend, ist der Aufenthalt auf dem Sommerschloss zu Ende. *Der tolle Tag* war nach dreijähriger Wartezeit 1784 in Paris uraufgeführt worden; Ludwig XVI. hatte es zuvor verbieten lassen. 1786 wurde Mozarts *Figaros Hochzeit* in Wien uraufgeführt. Der Abschied von einer sommerlichen Welt des erotischen Tändelns war auch ein Abschied von archaisch gewordenen Ansprüchen des Adels, in denen individuelle Wünsche keine Rolle spielten. An dieser Stelle berührten sich Mozarts Opera buffa und Schillers Trauerspiel. Schiller hatte Mozarts *Entführung aus dem Serail* 1784 in Mannheim gesehen und kannte als Theaterdichter auch aktuelle Inszenierungen. Mit Beaumarchais' *Der tolle Tag oder Figaros Hochzeit* wurde er durch den Freund Ludwig Ferdinand Huber (1764–1804) bekannt, der das Stück aus dem Französischen ins Deutsche übertrug und Schiller 1785 im Auftrag des „Zirkels der Vier" (Huber, Christian Gottfried Körner, Dora und Minna Stock) in Leipzig empfing. Zu dieser Zeit hatte er das Stück übersetzt und veröffentlicht (Leipzig 1785). Auch später hat

---

12 Julius ruft im Gespräch mit seinem Freund Aspermonte aus: „Die allgemeine Sprache der Völker sind Tränen und Seufzer; ich verstehe auch den hilflosen Hottentotten und werde mit Gott, wenn ich aus Tarent bin, nicht taub sein! Und musste denn das ganze menschliche Geschlecht, um glücklich zu sein, durchaus in Staaten eingesperrt werden, wo jeder ein Knecht des andern und keiner frei ist – jeder an das andere Ende der Kette angeschmiedet, woran er seine Sklaven hält? – Narren nur können streiten, ob die Gesellschaft die Menschheit vergifte! – Beide Teile geben es zu, der Staat tötet die Freiheit."

Schiller sich mehrfach mit Opern Mozarts beschäftigt, mehrere der Opern gesehen, unter anderem am 19. Januar 1799 *Die Hochzeit des Figaro* in Weimar.
Die beiden Werke berühren sich auch in anderer Weise. Beide Werke reagierten auf bürgerliche **Geheimbünde wie Illuminaten und Freimaurer**, die im Geiste der Aufklärung für Toleranz und Menschenrechte eintraten. Der 1776 in Ingolstadt gegründete Geheimbund der Illuminaten wurde 1784/85 vom bayerischen Staat bekämpft und aufgelöst. Dem Orden gehörte auch Schillers Mannheimer Intendant von Dalberg an. Wie anspruchsvoll der Geheimbund gesehen wurde, wurde darin deutlich, dass man einige Jahre nach der Französischen Revolution behauptete, diese sei vom Illuminatenorden aus Ingolstadt geleitet worden.[13] Schiller beschäftigte sich 1783 mit den Freimaurern; er hatte erfahren, dass er auf mehreren Freimaurerlisten stünde, und beschloss, sich nach deren Forderungen zu bilden und seine Kenntnisse in entsprechenden Fächern zu erweitern. Aber er schlug es aus, Freimaurer zu werden. Er hat im 10. *Brief über Don Karlos* deutliche Worte gefunden:

> *„Ich bin weder Illuminat noch Maurer, aber wenn beide Verbrüderungen einen moralischen Zweck miteinander gemein haben, und wenn dieser Zweck für die menschliche Gesellschaft der wichtigste ist, so muss er mit demjenigen, den Marquis Posa sich vorsetzte, wenigstens sehr nahe verwandt sein."* (NA 22, 168)

Statt auf Geheimgesellschaften setzte Schiller auf den aufgeklärten Herrscher, den Posa erziehen wollte. Was bisher nur von den Wissenschaften erörtert worden sei – Menschenrechte, Menschenglück und Wahrhaftigkeit in der Politik, „Enthusiasmus für Wahrheit, Freiheit und Tugend" (NA 22, 143) –, habe er durch Posa „in das Gebiet der schönen Künste herüberziehen, mit Licht und Wärme ... beseelen und, als lebendig wirkende Motive in das Menschenherz" (NA 22, 168) pflanzen wollen. Der Malteserritter Posa vertrat mit seinen Forde-

13 Safranski, S. 245

rungen nach Toleranz, Menschenwürde und Gleichheit die Ansichten des Illuminatenordens und nahm die der Französischen Revolution von 1789 vorweg.

Bauerbacher Entwurf

1783 entstand **das erste Konzept** in Bauerbach. Darin gab es die Hauptgestalten Karlos, Philipp, Elisabeth und Alba, die in den tragischen Familienkonflikt der Liebe Karlos' zu seiner Stiefmutter und einstigen Verlobten verstrickt waren; von daher war der Entwurf dem Sturm und Drang verpflichtet: Karlos begehrte gegen gesellschaftliche Zwänge auf, war sogar in eine „Rebellion" (NA 7 II, 184) verwickelt. Andererseits zeigte die genaue Ausarbeitung der Szenenfolge, wie Schiller die Handlung kalkulierte und nicht mehr das ungezähmte Genie wirken ließ. Begonnen wurde das Stück in Prosa wie die früheren Stücke. Die Arbeit wurde durch den Abschluss von *Kabale und Liebe* unterbrochen.

Mannheimer Entwurf

1784 entstand ein *Mannheimer Entwurf*: Die Familienhandlung stand im Vordergrund, Ausdruck einer Thematik des Sturms und Drang, aber auch Folge der Beziehung Schillers zu Charlotte von Kalb, die „während der Ausarbeitung des *Don Karlos* sehr belebend" auf Schiller wirkte.[14] Sie gab einerseits der Königin ihre Züge – sie mahnt den Stiefsohn an seine königlichen Pflichten –, andererseits ähnelt die Sehnsucht der Eboli nach Karlos der der Charlotte von Kalb nach Schiller. Er hatte sie im Mai 1784 in Mannheim kennen gelernt; ihre Wege kreuzten sich mehrfach an unterschiedlichen Orten. 1786 lebte sie auf ihrem Gut Kalbsrieth bei Allstedt im Thüringischen – einer Enklave des Fürstentums Sachsen-Weimar-Eisenach –, im Juni 1787 zog sie nach Weimar, in die Residenz. Am 21. Juli 1787 kam Schiller dort an; er wurde von Charlotte von Kalb in die Kreise des Hofes eingeführt. Ihre Begegnungen decken sich mit der Entstehungszeit des *Don Karlos*. – Der Freiheitskampf in Flandern rückte in den Blick, dadurch bekam Posa, der bisher nur Vertrauter der Liebenden war, ein Profil: Er vertrat nun die Freiheitsidee der Niederländer und den Kampf gegen

14 Wolzogen, S. 89

die Tyrannei. Wielands Empfehlung, aber auch Dalbergs Rat folgend entschied sich Schiller im Herbst 1784 für fünffüßige jambische Verse, die seine leidenschaftliche und exaltierte Redeweise bändigten.

1784 hatte Schiller Gelegenheit, dem Herzog Karl August von Sachsen-Weimar-Eisenach den 1. Akt des *Don Karlos* vorzulesen. „‚Das ist ja vorzüglich', sagt der Herzog. ‚Wirklich?' antwortet Schiller. ‚Dann haben Ew. Hoheit doch die Gnade, mir den Titel eines Rats zu verleihen!' – ‚Aber mit dem größten Vergnügen!' lacht Karl August, und das Reskript ist rasch ausgefertigt."[15]

1785 ging Schiller im **Vorwort zum *Thalia-Fragment*** ausführlich auf die Umwandlung in Verse ein: „Ein vollkommenes Drama soll, wie uns Wieland sagt, in Versen geschrieben sein, oder es ist kein vollkommenes, und kann für die Ehre der Nation gegen das Ausland nicht konkurrieren." (NA 6, 345) Schiller wählte reimfreie Jamben (Blankverse) und verzichtete auf den empfohlenen Reim. Den erklärte Schiller zu diesem Zeitpunkt noch „für einen unnatürlichen Luxus des französischen Trauerspiels" (NA 6, 345). Später, etwa im *Wallenstein*, verband Schiller stellenweise Jamben und Reim, um höchste Vollendung zu suggerieren.[16] Die Entscheidung für Verse bietet einen aufschlussreichen Einblick in Schillers Schaffen: Der Stoff war größer, anspruchsvoller und bedeutender geworden, sodass, wollte man die klassische Einheit von Inhalt und Form erreichen, nur der Vers als höchstes Maß des Poetischen zur Verfügung stand. Bei dieser Entscheidung blieb Schiller in seinen weiteren Dramen bis zum Tod. –

Veröffentlichung in der *Thalia*

1785 bis 1787 veröffentlichte Schiller in vier Heften der *Thalia*[17] (März 1785: Vorwort und 1. Akt, Februar 1786: 2. Akt, 1.–3. Auftritt; Philipp der Zweite von Mercier u. a.; April 1786: 2. Akt, 4.–16.Auftritt, und *Philosophische Briefe*; Januar 1787: 3. Akt, 1.–9. Auftritt) fertige Szenen,

15 Mann, S. 728

16 Vgl. Rüdiger Bernhardt: *Friedrich Schiller. Wallenstein*. Hollfeld: C. Bange Verlag, 2005 (Königs Erläuterungen und Matieralien, Bd. 440)

17 *Rheinische Thalia*, hrsg. von Schiller. Erstes Heft. Lenzmonat 1785 (Mitte März), Mannheim (einziges Heft, später als 1. Heft der *Thalia* gezählt); *Thalia*, hrsg. von Schiller. Zweites Heft. Leipzig, bei G. J. Göschen, 1786 (Februar) usw.

Kommentare, Ergänzungen und Schriften aus dem Umfeld; der Text reichte bis zur entscheidenden Begegnung zwischen Philipp und Posa (3. Akt, 10. Szene), ohne dass diese ausgeführt wurde. Schiller war Stürmer und Dränger, Karlos das Produkt einer unmenschlichen Erziehung – „eine viehische Erziehung" habe die Kindesliebe zertreten (NA 6, 370) – und konsequent bereit, sich von seiner Herkunft zu lösen, um „der Menschheit aufgetan ... die Schöpfung zu umschließen" (NA 6, 371). Schiller bereute später, diese Szenen bekannt gemacht zu haben, wie Körner berichtete, denn er „hatte während der Arbeit beträchtliche Fortschritte gemacht, seine Forderungen waren strenger geworden, und der anfängliche Plan befriedigte ihn ebensowenig, als die Manier der Ausführung in den ersten gedruckten Szenen"[18].

entscheidende Schaffensphase

1785 bis 1787 war die entscheidende Schaffensphase in Leipzig und Dresden; das Stück bekam die politische Utopie, die komplizierte Entstehung fand ihren Abschluss. Die Ideen Rousseaus über das Naturrecht, die bisher bestimmend waren, verbanden sich mit Montesquieus Staatslehre, die Posa in seinem Staatsideal der Zukunft umsetzte. Der entschiedene Gegensatz waren die Prinzipien der Inquisition: „Vor dem Glauben / Gilt keine Stimme der Natur." (Großinquisitor, 5274 f.) –

1786 vollzog sich im Spätsommer der entscheidende Umschwung, nachdem der Dichter im Frühjahr deutliche Ermüdungen und Erschöpfungen gezeigt hatte und die Arbeit am *Don Karlos* ins Stocken kam. Posa verdrängte Karlos als Hauptgestalt, der Familienkonflikt, der zuvor vom politischen Konflikt berührt worden war, wurde vom Freiheitskampf der Niederlande und Posas Staatsideen aufgehoben. Dabei geschah etwas Merkwürdiges mit dem Stück: War es im *Thalia-Fragment* antifeudal und kompromisslos, antiklerikal schon in den ersten Worten („Der Erzspion [der Mönch Domingo, R. B.] verfolgt mich überall", NA 6, 347), so schwächt sich diese Tendenz in der Fassung von 1787 ab. Statt des zornigen Protestes wurde rhetorische Idealität entwickelt. Dafür war der Protest nicht mehr allgemein anti-

18 Körner. In: Wolzogen, S. 93 f.

feudal, sondern bezog sich historisch exakt auf den niederländischen Freiheitskampf. – Gegen Ende der Arbeit hatte es Schiller wiederum Körner zu danken, dass das Stück versendet werden konnte: Dieser beschäftigte und bezahlte nämlich zeitweise drei Schreiber.[19]
Schiller hielt sein Stück zu Recht für ein Buch- und Lesedrama, denn mit einem Umfang von mehr als 6000 Versen in der Fassung von 1787 glich es der späteren *Wallenstein*-Trilogie ohne *Wallensteins Lager*; eine Aufführung des Gesamttextes war von Beginn an unmöglich. Von keinem anderen Stück Schillers sind so viele unterschiedliche Fassungen und Bearbeitungen vorhanden wie vom *Don Karlos*. Daraus entstand Schillers Schwanken zwischen den Gattungen, das im Untertitel „Ein dramatisches Gedicht" deutlich wurde. Grund war auch da die Länge, die in der dann gültigen Fassung von 1805 immer noch 5370 Verse hatte.
1786 bezeichnete Schiller im *Thalia-Fragment* am Ende des 2. Akts den *Dom Karlos* als „ein Familiengemälde aus einem königlichen Hause" (NA 6, 495). Die Veränderung gegenüber dem *Bauerbacher Entwurf* fiel auf: Aus dem „fürstlichen Hause" (NA 7 II, 16) war ein „königliches Haus" geworden. Das Familiengemälde war nicht mehr bürgerlich begrenzt wie in *Kabale und Liebe*, sondern mit dem Hinweis auf das „königliche Haus" hatte es politische Bedeutung bekommen. Ein „königliches Haus" zu Schillers Zeit war ein Herrschaftszentrum des Absolutismus. – In den *Briefen über Don Karlos* (1788) sprach Schiller von dem „Leeren und Gekünstelten seiner [Philipps, R. B.] Despotengröße" (NA 22, 153), kontrastiert mit den Motiven Posas, „welche keine andre sind als Flanderns Befreiung und das künftige Schicksal der Nation" (NA 22, 154). Für Posa war Karlos „das einzige unentbehrliche Werkzeug" (NA 22, 154). Aus der politischen Familientragödie war der politische Staatsakt geworden.
Am **29. August 1787** fand die **Uraufführung in Hamburg** statt. Vom Honorar bestritt der Dichter seine Reise nach Weimar, wohin er im Juli 1787 aufgebrochen war.

---

19 NA 7 II, 31: Körner an Schiller am 2. Mai 1787; Damm, S. 60

Verhältnis Schillers zu *Don Karlos*

Das Verhältnis des Dichters zu seinem Stück war kompliziert; es war keineswegs das „zärtlich geliebte Kind seiner Muse"[20]. Anfangs war er begeistert: „Ich trage ihn [den *Don Karlos*, R. B.] auf meinem Busen – ich schwärme mit ihm durch die Gegend um – um Bauerbach herum." (14. April 1783, NA 7 II, 15). Am 10. Februar 1785 war es ihm immer noch das „Lieblingskind meines Geists" (an Körner, NA 7 II, 19). Später schätzte er sein Stück weniger, auch deshalb, weil sich immer mehr Einfälle an das Stück drängten, dass er schon für überladen hielt, weshalb er „viele glückliche Ideen, manche Forderungen meines besseren Gefühls ... abweisen" musste.[21] Schließlich bezeichnete er es Körner gegenüber am 4. September 1794 als „Machwerk", das ihn nunmehr „anekelte" (NA 7 II, 50). Das war bei Schiller mehrfach der Fall, wenn er seine Dichtungen beendet hatte. Ihn störte schließlich, dass er „im Posa und Carlos die fehlende Wahrheit durch schöne Idealität zu ersetzen gesucht"[22] habe, im *Wallenstein* wollte er „die bloße Wahrheit" geben.

In Schillers Familiengemälde, das anfangs trotz seiner hoheitlichen Personen noch ganz den Konflikten der bürgerlichen Familie aus *Kabale und Liebe* entsprach, spielte neben der Liebe Karlos' zu seiner Stiefmutter die **Freundschaft** zwischen Karlos und Posa eine Rolle; sie erinnerte an die Freundschaftsbünde der Stürmer und Dränger, wie man sie aus Straßburg und vor allem aus dem Göttinger Hain kannte. Schiller erlebte solche Freundschaft im „Zirkel der Vier" als praktische Lebenshilfe. Allerdings hat Schiller im 3. *Brief über Don Karlos* berechtigt geschrieben, leidenschaftliche Freundschaft zu thematisieren sei nicht das Ziel im *Don Karlos* gewesen (NA 22, 142). Die Freundschaft zwischen Karlos und Posa wird von Beginn an relativiert. Posa führt sich bei Karlos ein: „Denn jetzt steh ich als Roderich nicht hier, / Nicht als des Knaben Karlos Spielgeselle – / Ein Abgeordneter der ganzen Menschheit / Umarm ich Sie" (155 ff.). Während Karlos die

20 Burschell, S. 57

21 Vgl. NA 7 II, 30, Safranski, S. 233

22 Schiller am 21. März 1796 an Wilhelm von Humboldt. In: Bode, 2. Bd., S. 61; NA 7 II, 55

Freundschaft zu erneuern versucht, ist sie für Posa die Gelegenheit, mit ihrer Hilfe seine politischen Ziele in Flandern zu verwirklichen. Deshalb stimmt er Karlos' Freundschaftswunsch zu, ohne einen eigenen einzubringen. Posa war Karlos ebenbürtig, aus dem Konflikt der bürgerlichen Familie waren die Menschheitsansprüche von Freiheit entwickelt worden. Das Interesse richtete sich nun auf Posa. –

Schillers Quellen

Schillers Quellen sind lückenlos bekannt; die wichtigste war César Vichard Abbé de Saint-Réals *Histoire de Dom Carlos, Fils de Philippe II.* (Amsterdam 1672), auf die Dalberg Schiller aufmerksam gemacht hatte. Schiller ließ sich die Ausgabe von 1691 von seinem späteren Schwager Reinwald, einem Bibliothekar, aus der Herzoglichen Bibliothek in Meiningen besorgen.[23] Außerdem las Schiller die anonym 1784 in Eisenach erschienene Übersetzung. Von einer Liebe zwischen Karlos und Elisabeth ist in den Quellen nichts bekannt. 1568 wurde Karlos durch seinen Vater Philipp II. verhaftet und ein halbes Jahr später starb er oder wurde im Gefängnis ermordet. Posas Figur wurde erst durch Schiller geschaffen. – Schiller hatte Jean Louis Sébastien de Merciers aufklärerische Szenenfolge *Portrait de Philippe II., Roi d'Espagne* (Amsterdam 1785) gelesen. Seine erste Arbeit als Historiker war die freie Übersetzung des Vorworts (*Précis historique*) und die auszugsweise Veröffentlichung im 2. *Thalia*-Heft 1786, in dem sich Mercier mit dem Problem des politischen Dramas beschäftigte. Mercier hatte sein politisches Drama als Gegenstück zur klassizistischen französischen Tragödie verstanden.[24] Im gleichen Heft wurden auch Szenen aus Schillers *Don Karlos* veröffentlicht (*Thalia-Fragmente*, 2. Akt, 1.–3. Szene). Merciers Stück war eine Folge lose miteinander verbundener, im Übrigen unabhängiger Szenen. Philipp war in ihnen einer der schlimmsten Feinde der Menschheit. 1787 begegneten sich Schiller und Mercier in Mannheim. Auf Merciers Wunsch hin wurden Schillers *Räuber* gespielt, die

23 Der Text wurde im 5. Band der *Quellenschriften zur neueren deutschen Literatur* wieder veröffentlicht: *Des Abbé de Saint-Réal Histoire de Dom Carlos*. Nach der Ausgabe von 1691 hrsg. von Albert Leitzmann. Halle: Niemeyer, 1914.

24 Vgl. dazu Midell, S. 133

Mercier bald darauf in Paris begeistert besprach. „Mercier war einer der frühesten und engagiertesten Vermittler Schillers in Frankreich. Von ihm stammt auch die erste Übersetzung der *Jungfrau von Orleans* (1802)."[25]

Nach der Beendigung des *Don Karlos* 1787 schrieb Schiller längere Zeit kein größeres poetisches Werk mehr; seine Berufung nach Jena zwang ihn zu historischen Studien, bei denen ihm die Materialkenntnis zum *Karlos* dienlich war. Die Kant-Studien schlossen sich an. Erst 1798 trat der Dramatiker Schiller mit *Wallensteins Lager* wieder an die Öffentlichkeit.

25 Dieter Borchmeyer: *Es stinkt. Louis-Sébastien Mercier schnüffelt sich durch den Bauch von Paris*. In: DIE ZEIT vom 23. März 2000, Nr. 13, S. 20

2.2 Inhaltsangabe

1. Akt

Aranjuez

Die Handlung beginnt an einem Frühlingstag 1568 im Garten des Lustschlosses der spanischen Könige Aranjuez. Der Beichtvater des Königs Domingo versucht, von Don Karlos, dem Infanten, das Geheimnis seines Kummers zu erfahren. Dabei werden Informationen zur königlichen Familie gegeben (Karlos ist der einzige Sohn und ihm wurde als Thronfolger gehuldigt; bei seiner Geburt starb die Mutter; die jetzige Frau des Vaters war einst Karlos' Braut) und Spannung durch sein immer wieder benanntes „rätselhafte(s) Schweigen" (5) aufgebaut. Seit er vor acht Monaten von der Universität zurückgerufen wurde, beherrscht es ihn. – Karlos' Freund Posa kommt und berichtet vom „unterdrückte(n) Heldenvolk" (154) in Flandern, das auf Unterstützung durch den Infanten hoffe. Karlos gesteht, dass er seine Stiefmutter Elisabeth liebt. Posa will ein Treffen zwischen beiden organisieren und setzt den Plan sofort um. Als er der Königin Briefe aus Frankreich und den Niederlanden bringt, erzählt er in einer Parabel („Zwei edle Häuser in Mirandola ...", 553) der Königin von Karlos' Liebe. Karlos erkennt bei einem sich anschließenden Treffen die Hoffnungslosigkeit seiner Liebe, als die Königin eine Verbindung mit ihm als Endpunkt einer vernichtenden Entweihungsorgie beschreibt (735 ff.); Elisabeth weist ihn auf die Liebe zu seinen Ländern hin, die vorrangig sein sollte, gesteht aber, ihren einstigen Verlobten nicht vergessen zu können. Das Treffen wird durch die Ankunft des Königs gestört. Der ist ungehalten, die Königin allein zu finden, und bestraft die Marquisin von Mondekar empfindlich mit zehn Jahren Verbannung. Die Königin zeichnet sie dagegen aus und empfiehlt ihr Frankreich. – Karlos entschließt sich, bei seinem Vater um das Kommando für Flandern zu bitten.

2. Akt

Nur mit Mühe gelingt es Karlos, mit seinem Vater und König ein Gespräch unter vier Augen und nicht in Albas Gegenwart zu führen. Ihm das Kommando nach Flandern zu übertragen, lehnt Philipp brüsk und rigoros ab („*Solche* Kranke / Wie du, mein Sohn, verlangen gute Pflege, / Und wohnen unterm Aug des Arzts. Du bleibst / In Spanien; ...", 1229 ff.). Später überlegt er, unter dem Einfluss Albas Karlos falsch behandelt zu haben. – Ein Page übergibt Karlos einen Liebesbrief und einen Schlüssel zu einem verschwiegenen Kabinett; Karlos meint, sie kämen von der Königin. – Alba, der Karlos zum Gespräch zwingt, versucht, hinter die privaten und politischen Geheimnisse des Infanten zu kommen; Karlos entzieht sich mit Ironie den Fragen und reizt Alba, der sich einmal mehr göttlich sieht. Karlos bezeichnet ihn als „Gott oder Teufel, gilt gleich viel" (1431). Beide stehen sich schließlich mit gezogenem Schwert gegenüber; die Königin erscheint und Karlos entschuldigt sich übertrieben bei Alba. – Es beginnt im 2. Akt, 7. Auftritt die weitgehend selbstständige Eboli-Handlung: Prinzessin Eboli, die den Brief an Karlos geschrieben hat, erwartet den Infanten. Nach den Berichten des Pagen glaubt sie, Karlos wisse um ihr Verhältnis zum König („Es kann nicht anders sein – er muss / Um die Geschichte wissen. – Unbegreiflich!", 1509 f.). Als Karlos die Eboli in dem Kabinett trifft, nimmt er eine Verwechslung an. Ihren eindeutigen Angeboten begegnet er mit mehrdeutigen Beschreibungen einer nicht möglichen Liebe zwischen ihnen („Ich zweifle fast, ob Karlos und die Fürstin / Von Eboli sich je verstehen können, / Wenn Liebe abgehandelt wird.", 1599 ff.), lenkt aber ab, indem er sie für eine Bittschrift beim König zu gewinnen trachtet, dass er nach Brabant gehen dürfe. Die Eboli erinnert an verschiedene Vorfälle, in denen sie Karlos' Neigung für sie zu erkennen glaubte, muss aber einsehen, dass dessen Liebe einer anderen Frau gehört. Nun versucht sie, Karlos als Retter ihrer Tugend zu gewinnen, solle sie doch an einen Günstling des Königs

Kommando nach Flandern

Eboli-Handlung

„verkauft" werden („Ich bin der Kreatur verkauft.", 1757), auch werde von „diesem Heiligen", im *Thalia-Fragment* steht sogar „des großen, großen Wollüstlings" (NA 6, 462), ihre Unschuld bedroht. Als Beweis gibt sie Karlos einen Brief, der sich als Brief des Königs herausstellt und den Karlos als Pfand im Kampf gegen Philipp behält. Karlos hat Mitleid mit der Eboli und erklärt, sie werde geliebt. Diese bezieht das auf ihn, „die dramatische Ironie des Aneinandervorbeiredens kommt auf ihren Höhepunkt." (NA 7 II, 308) Karlos ernüchtert die fast in Ekstase geratene Eboli: „Fürstin, / Wo sind Sie jetzt?" (1830 f.) Als die Eboli vom Schlüssel spricht, erkennen beide ihren Irrtum. Hass löst bei der Eboli die Liebe ab. In einem Monolog wird ihr deutlich, dass Karlos' Liebeszeichen nicht ihr galten, sondern der Königin. Dieses Wissen will sie an den König weitergeben. – Auch Alba, der sein Kommando nach Flandern als „Landsverweisung" (2006) sieht, weil Karlos „entzückt" darüber am Hofe bleibt, hat Verdacht geschöpft und sucht bei Domingo Erklärung. Beide haben Politik gegen Karlos und Philipp betrieben, es droht, dass „ein Augenblick / Zertrümmerte, was wir in Jahren bauten" (2008 f.). Käme Karlos auf den Thron, befürchtet Domingo eine „neue Tugend" (2020): Karlos brauche keinen Glauben, er denke und er verehre den Menschen; das alles ist nicht im Interesse der Inquisition. Deshalb will Domingo das sexuelle Verlangen des Königs nach der Eboli nutzen, um diese zum Werkzeug seiner Politik zu machen. Die Eboli ist dazu bereit, nachdem sich ihr bisheriger Verzicht auf die Angebote des Königs, weil sie das Glück „der schönsten Königin" (2129) nicht stören wollte, sich als falsch erwiesen hat. – Alba und Domingo fordern die Eboli auf, ihr Wissen dem König mitzuteilen. Ihren Hass auf Karlos verhehlen sie nicht, gehen jedoch irrtümlich davon aus, Karlos habe keine Vertrauten. – Die nächste Szene beweist das Gegenteil: Karlos trifft sich zwei Tage später, unterstützt von einem Prior, in völliger Verschwiegenheit und Abgeschiedenheit mit Posa in einem Kartäuserkloster. (Die Szene erinnert an Leisewitz, vgl. S. 26.) Erst jetzt erfährt Posa, dass es keine Versöhnung zwischen Philipp und Karlos gegeben hat, Alba – nicht Karlos – nach Flandern geht und die Eboli Karlos' Geheimnis der Liebe zur Stiefmutter kennt. Karlos fordert Posa auf, ihm ein Treffen mit der Königin zu verschaffen, um ihr den Liebesbrief des Königs an die Eboli zu zeigen und sie von Philipp zu lösen („Die Königin ist frei ...", 2291). Posa muss erkennen, dass Karlos' Liebe zur Königin seinen politischen Weitblick verstellt hat und er keinen Sinn mehr für den Freiheitskampf, das „Schicksal der Provinzen" (2420), hat. Deshalb plant Posa ein Treffen zwischen Karlos und der Königin, um durch sie Karlos wieder für den Kampf in Flandern zu gewinnen. Karlos warnt Posa, der König lasse die Post öffnen und kontrollieren. Es handelt sich in der scheinbar beiläufigen Mitteilung um einen der wichtigsten dramaturgischen Hinweise.

Karlos warnt Posa

3. Akt

Philipp denkt über die Königin nach; er weiß, dass er ihr keine Liebe gegeben hat. Sie hat ihn das nicht merken lassen; deshalb hält er sie für falsch. Dem Grafen Lerma entwickelt er hypothetisch den Verdacht, dass dessen Sohn den Vater mit der Mutter betrüge, überträgt das auf die Königin, verpflichtet Lerma jedoch zum Schweigen. – Alba, den der König hat kommen lassen, entdeckt ihm, wen Karlos in den Briefen, die Philipp hat, meint: Der Infant sei bei der Königin gewesen. Auch erklärt Alba den Konflikt der Königin, die zuerst Karlos geliebt habe, dann aber Philipp heiraten musste: „Sie war gefasst auf Liebe, und empfing – / Ein Diadem." (2656 f.). Philipp ist über Albas Zurückhaltung und Erklärungsversuch verärgert und lässt Domingo kommen. – Domingo teilt dem König ohne Rücksicht auf das Beichtgeheimnis mit, dass er durch die Eboli von der Untreue der Königin erfahren habe („Am Beichtstuhl ward es mir vertraut", 2688). Außerdem gäbe es ein Gerücht, dass Elisabeths Tochter nicht vom König stamme. Philipp reagiert scharf ablehnend, bezichtigt Domingo des Betrugs und fordert Alba auf, vor Gericht die Anschuldigungen vorzutragen, die entweder den Tod des Infanten oder Albas bedeuteten. Als Alba zustimmt, zieht Philipp seinen Vorschlag zurück. – Allein

Konflikt der Königin

geblieben überdenkt Philipp seine Situation und bittet in einer Art Gebet an die „Vorsicht" (2809), das allerdings weniger christlich als mehr säkular rousseauistisch ist, um einen Freund. Auf seiner Schreibtafel findet er zweimal den Namen Posas angestrichen. Der aber hat sich bisher vom Hofe fern gehalten. – Im Audienzsaal versammeln sich die Granden, darunter Medina Sidonia, der den Verlust der Armada zu melden hat. (Während die Ereignisse des Stücks 1568 spielen, ging die Armada erst 1588 unter.) Der König nimmt die Berichte entgegen, zeichnet Alba aus und vergibt Medina Sidonia: „Ich habe gegen Menschen, / Nicht gegen Sturm und Klippen sie gesendet" (2881 f.). Dann erkundigt er sich nach Posa, erfährt von manchen Heldentaten und bestellt ihn zum Hof. Alba rät Posa, die Gunst der Stunde zu nutzen. In einem Monolog beschließt Posa, „eine Feuerflocke Wahrheit" (2969) über den Zustand des Landes und seine Erlebnisse in Flandern „in des Despoten Seele" (2970) zu werfen.

Aussprache zwischen Posa und Philipp II.

Die Aussprache zwischen Posa und Philipp II. (3. Akt, 10. Auftritt) ist die **zentrale Szene des Stückes.** Posa beschreibt sein utopisches Ideal eines Staates, in dem das Individuum Zentrum des politischen Wirkens ist; er kann das nur als „Bürger dieser Welt", der den „Untertan" des Königs aufgegeben habe (3007 ff., 3080): „Ich kann nicht Fürstendiener sein." (3022, 3064) Damit schafft Posa eine Voraussetzung für das Gespräch, die aus den beteiligten Personen gleichberechtigte Menschen macht: Posa ist in diesem Augenblick kein Untertan des Königs, damit ist Philipp kein König über Posa. Dadurch hebt sich die Szene von der übrigen Handlung ab, die vom Hofzeremoniell bestimmt wird. Posa nimmt eine fundamentale kritische Analyse der absolutistischen Staatsform vor. Er sei „Schöpfer" und „Künstler", der „die Menschheit" liebe, was in Monarchien nicht möglich wäre (3035 ff.). Die Zeit sei für seine Ideen nicht reif, deshalb lebe er als „Bürger derer, welche kommen werden." (3080) Gegenwärtig sei die Menschheit gefesselt und als „Tugend" gelte, diese Fesseln „mit Anstand (zu) tragen" (3103): Untertanengeist und geistige Verstümmelung prägten die Welt und würden als Tugend verstanden.

Posa berichtet von Vernichtungsfeldzügen gegen das niederländische Volk und der Hoffnung, dass menschlichere Zeiten kommen. Vorerst aber fliehe aus Philipps Ländern Volk nach England und stärke den Gegner. Posa entwickelt für den König die Vorstellung vom „aufgeklärten Fürsten", der „von Millionen Königen ein König" sein solle (3201), und erhebt die Forderung: „Geben Sie / Gedankenfreiheit." (3215 f.), die zum berühmten geflügelten Wort geworden ist. Philipp II. erkennt die Größe, aber auch die Gefährlichkeit der Ideen Posas und warnt ihn vor der Inquisition. Er nimmt ihn in seine Dienste und überträgt ihm die Prüfung der Vorwürfe gegen Karlos und die Königin. Die neue Bedeutung Posas wird deutlich an Philipps Befehl: „Der Ritter / Wird künftig ungemeldet vorgelassen." (3353 f.)

4. Akt

Die Königin

Die Königin, die das Fehlen ihres Schatullenschlüssels feststellt, empfängt im Kreis ihrer Hofdamen, von denen sich die Eboli scheinbar wegen Unwohlseins entfernt hat, Posa, der sie allerdings im Auftrag des Königs allein sprechen möchte. Die Königin ist deshalb überrascht. Posa will neben dem königlichen Auftrag Karlos „tätiger ... und entschlossner" (3452 f.) machen und ihn illegal an die Spitze der Rebellion in den Niederlanden führen. Die Königin ist willens, Karlos entsprechend zu beeinflussen und sich an der Vorbereitung der Rebellion auch mit Geld zu beteiligen, damit „der Freiheit endlich / Noch diese Zuflucht in Europa bliebe" (3510 f.). – Graf Lerma warnt Karlos vor Posa; dessen Übereinkunft mit dem König sieht er als Bedrohung für den Infanten. Karlos ist daraufhin Posa gegenüber zurückhaltend, händigt ihm aber seine Brieftasche auf dessen Wunsch hin aus. Posa ist über Karlos' Misstrauen überrascht, darf ihn aber nicht über die Gründe für sein Verhalten informieren. Posas Schweigen führt zum Verhängnis. – Der König sinnt darüber nach, ob ihm die Infantin ähnlich und er der Vater ist. Nach Zustimmung wird er erneut zweifelnd. Die Königin teilt ihm mit, dass ihre Schatulle aufgebrochen worden sei, und muss feststellen, dass es in des Königs Auftrag geschah. Die gestohlenen Briefe und das Medaillon stammen aus der Verlobungszeit der Königin mit Karlos. Die Königin weigert sich, auf Befehl zu hassen – „Ich will nicht hassen, wen ich soll" (3769) –, und will auch in ihrer „Wahl" von Freundschaften und Neigungen frei sein. (Dass sie damit ihre Ehe aufkündigt, wie hin und wieder zu lesen ist, stimmt nicht; ein solches Recht hatte sie nicht.) Als der König die Infantin „unsanft" stößt, droht die Königin mit französischer Vergeltung, bricht aber danach zusammen. Der König gibt die Schuld an dem Vorfall Alba und Domingo, den „Teufel(n)" (3810), und entlässt sie zugunsten Posas. Der spinnt nun seinerseits eine Intrige: Er gibt dem König Karlos' Brieftasche, in der sich auch die Einladung der Eboli zum Liebestreffen befindet. Der König glaubt nun, von der Eboli und Domingo hintergangen worden zu sein und der Königin Unrecht getan zu haben. Auch sei, so Posa, Karlos' Wunsch nach Flandern eigentlich ein Wunsch der Königin, die sich „von des Thrones Anteil ausgeschlossen" (3880) sähe und mehr Beteiligung wünsche. Posa fordert uneingeschränkte Befugnisse und einen Haftbefehl für Karlos. – Graf Lerma warnt Karlos erneut und berichtet, Posa habe des Infanten Brieftasche dem König ausgehändigt; er sei der mächtigste Minister geworden. In gleicher Weise warnen Alba und Domingo die Königin vor Posa, die darauf verweist, nichts vor dem König Geheimes mit beiden, „zwei Freunde(n), die ich nie besessen" (4036), absprechen zu wollen und den König darüber zu informieren. Karlos bittet die Eboli um Verzeihung und will auf diesem Wege zur Königin vordringen, die er durch Posas Vorgehen bedroht sieht. Posa verhaftet Karlos, um dessen Geheimnis, die Liebe zur Königin, zu bewahren, verwirrt aber den Freund endgültig. Posa droht der Eboli bei Strafe des Todes zu schweigen (4., 17.). In den Entwürfen findet sich ein Monolog Posas, in dem er seine weiteren Pläne erläutert: „Verwirren will ich dieses Königs Sinne, / Mich selber klag ich als den Schuld'gen an. / Und Frist verschaff ich ihm, dass er entrinne!" (NA 7 II, 182)

Intrige

Die Eboli gesteht der Königin, sie sei gegenüber Karlos schuldig geworden, weil sie die Briefe der Königin gestohlen und wegen unerwiderter Liebe des Infanten beide angeklagt habe. Auch habe sie die Königin mit dem König betrogen. Eine Hofdame nimmt der Eboli die Insignien ihres Amtes als Hofdame ab (Kreuz, Schlüssel) und teilt ihr mit, sie sei ins Marienkloster entlassen. – Posa hat Karlos' Flucht vorbereitet, wovon ihn die Königin informieren soll. Er selbst sieht seine Sache verloren. Er will sich für Karlos, die Königin und das „kühne Traumbild eines neuen Staates" (4280) opfern. Doch entlarvt die Königin diesen Plan als Befriedigung von Stolz und Eitelkeit: „Sie haben / Nur um Bewunderung gebuhlt." (4387 f.) Raymond von Taxis hat – von Posa so geplant – Posas Brief an Wilhelm von Oranien nach Brüssel abgefangen und bringt ihn dem König; damit richtet sich nun doppelter Verdacht auf Posa und wird von Karlos genommen: Einmal ist Wilhelm der Führer der niederländischen Freiheitsbewegung, zum anderen steht im Brief – was man erst später erfährt (4685 ff.) –, dass Posa die Königin geliebt und den Verdacht auf Karlos gelenkt habe. Die Granden des Reiches werden wegen der Verhaftung Karlos', die ohne Zustimmung der Cortes geschah, vorstellig. Der Oberst der Leibwache, Graf Lerma, ist erschüttert: Der König „hat / Geweint" (4465 f.) über Posas Täuschung und verliert durch das Zeichen von Menschlichkeit bald seine Macht, ein „teufelisch(er)" Vorgang (4465; s. S. 59 f.).

5. Akt

Posa sucht Karlos in seiner Gefangenschaft auf; Karlos glaubt, er solle für Spaniens Zukunft geopfert werden und Posa bringe den „Spaniern die goldnen Tage" (4508). Erst danach erfährt und erkennt er, dass Posa ihn schützen wollte. Alba überbringt die Nachricht, Karlos sei frei. Posa erfährt dadurch, dass die absichtliche Täuschung des Königs geglückt, Alba wieder einflussreich, er aber entmachtet ist. Das erklärt er Karlos auch nach Albas Abgang. – Karlos will seine Freiheit nur vom König selbst entgegennehmen. Posa erklärt in einer Abschiedsszene Karlos die Intrigen und Verfälschungen. Während er sterbe, solle sich Karlos „für Flandern" (4718) retten. Noch während

Karlos Hoffnungen auf die Menschlichkeit seines Vaters setzt, wird Posa erschossen.

Tod Posas

Der König erscheint mit seinem Gefolge, um Karlos zu vergeben; der aber zieht das Schwert gegen ihn und fordert die Granden auf, nicht einzugreifen. Karlos enthüllt Posas Pläne – „die erste Lüge seines Lebens" (4805) –, stürzt sich damit selbst ins Verderben, erniedrigt aber in dieser Szene Philipp, indem er Posas Überlegenheit zeigt, und verurteilt den Vater: „Suchen / Sie unter Fremdlingen sich einen Sohn" (4848 f.). Der Lärm einer „Rebellion" (4856), ausgelöst von der Königin (4926 ff.), – in den Quellen wurde die Gefahr eines Volksaufstandes beschrieben – dringt in den Palast: Das Volk will Karlos retten; der König fühlt sich „von Rebellen" (4871) verraten und will abdanken. Alba lässt ihn wegbringen und tritt den Rebellierenden entgegen, „Madrid den Frieden" (4881) zurückzugeben. Es tritt in Madrid ein, was Posa durch Karlos in Flandern verhindern will: die Niedermetzelung der Aufständischen.[26] – Die Königin bittet Karlos zu sich, um die Aufträge Posas entgegenzunehmen; damit Karlos unerkannt kommen kann, soll er als Gespenst Kaiser Karls V. in Mönchskutte erscheinen – deutlicher Verweis auf Shakespeares *Hamlet*, wo Hamlets Vater als Geist erscheint. Lerma bestürmt Karlos zu fliehen, sonst sei der von der Königin ausgelöste Volksaufstand sinnlos; er rüstet ihn mit Waffen aus und huldigt ihm als „Mensch auf König Philipps Thron" (4948). – Alba erfährt inzwischen von Karlos' Plänen und Posas Vorbereitungen für einen europaweiten Angriff auf Spanien, „der von der span'schen Monarchie auf immer / Die Niederlande trennen soll." (4996 f.) – Der König fordert verwirrt den toten Posa zurück, findet aber durch Alba wieder zu seiner Macht, die er zur Vernichtung nutzen will. Als er die Pläne Posas für Karlos erfährt, lässt er den Großinquisitor kommen. Alba weiß von Karlos' Reisevorbereitungen. – Das Gespenst Karls V. erscheint den Wachen. Der

Niedermetzelung der Aufständischen

26 In der Berliner Inszenierung Fritz Kortners 1950 ließ der Regisseur bei diesen Worten Albas Soldaten in das Publikum schießen, was zu Unruhe und Panik führte.

Großinquisitor trifft beim König ein und macht ihm Vorwürfe wegen seines Vertrauens zu Posa, aber auch wegen seines Todes. Posa war der Inquisition längst verdächtig und sein Blut sollte zu Ehren der Kirche geopfert werden. Der König erfährt, dass sie alle wie Posa Marionetten am Seil der Inquisition sind (Großinquisitor über Posa: „Das Seil, an dem / Er flatterte, war lang, doch unzerreißbar.", 5158 f.). – Karlos tritt im Mönchsgewand vor die Königin und erklärt ihr, alle sinnlichen Begierden überwunden zu haben und sich seiner politischen Aufgabe, der Rettung der Niederlande, widmen zu wollen. Unbemerkt kommen König, Großinquisitor und Granden zu dieser Abschiedsszene hinzu. Als Karlos sich verabschiedet, tritt der König dazwischen und übergibt Karlos der Inquisition.

Marionetten am Seil der Inquisition

2.3 Aufbau

Schiller beschäftigte sich erst nach dem *Karlos* mit antiken Dramen; auch große Beispiele wie Sophokles' *König Oedipus*, mit dem *Don Karlos* verglichen wurde[27], studierte er erst 1797 im Zusammenhang mit der Arbeit am *Wallenstein*. Da er aber die französische klassizistische Dramatik gut kannte (Corneille, Racine u. a.) und auf Dalbergs Hinweis auch während der Arbeit am *Karlos* deren Werke studierte – „... fürs andere hoffe ich dadurch zwischen zwei Extremen, englischem und französischem Geschmack in ein heilsames Gleichgewicht zu kommen" (NA 7 II, 17) –, kannte er den Aufbau antiker Dramen und die Dramaturgie klassizistischer Stücke. Das hat zu einem logischen dramaturgischen Aufbau geführt, wie er sich in der Beschäftigung mit Aristoteles' *Poetik*, mit der die normative Dramaturgie begann, seit Johann Christoph Gottsched (*Versuch einer Critischen Dichtkunst vor die Deutschen*) und Gotthold Ephraim Lessing (*Hamburgische Dramaturgie* u. a.) durchgesetzt hatte und in der klassischen Dramatik, wie in Goethes *Iphigenie auf Tauris*, erschienen im gleichen Jahr wie *Don Karlos*, den Höhepunkt fand. Das Stück folgt **einer aristotelischen Gliederung,** die als Regel folgende Teile hat:

Aufbau antiker Dramen

1. Akt: Einleitung/Exposition (Einführung in Situation und Personen), erregendes Moment (erstes vorwärts treibendes Moment des Konflikts); 2. Akt: Steigerung/Entwicklung; 3. Akt: Höhepunkt/Umschlag (Peripetie = Wendung der Handlung zu einer Lösung hin) mit dem tragischen Moment (Konfrontation unvereinbarer Haltungen/Entscheidungen); 4. Akt: mit fallender Handlung, retardierenden Momenten (Verzögerung und mögliche andere Lösung), dem Moment der letzten Spannung (letzte Möglichkeit zur Verhinderung der Katastrophe); 5. Akt: Katastrophe (Wende- und Schlusspunkt der Handlung, Lösung des Konflikts zum Schlimmen oder Guten).

27 Neubauer, S. 6 f. Unabhängig davon, dass Schiller während der Arbeit an seinem Stück *König Oedipus* nicht kannte, hat *Don Karlos* nicht einmal im Ansatz die analytische Struktur, die Sophokles' Stück organisiert.

Diese Gliederung ist im *Bauerbacher Entwurf* lückenlos und ungebrochen zu finden. Während der weiteren Entstehung haben sich hinter dieser Gliederung mehrere Brüche versteckt, die in der Handlungsführung auffallen und die beiden letzten Akte streckenweise verwirrend gestalten, weil die Handlungen, die sich verselbstständigt hatten, wieder zusammengeführt werden mussten. Auch gibt es mehrere unterschiedlich ausgeprägte Höhepunkte neben der Zentralszene des Stückes (3.10.), die jedoch zu einer eigenen Handlung (Posa-Handlung) gehört, die erst im 3. Akt, 5. Auftritt einsetzt und im 5. Akt, 3. Auftritt mit einer eigenen Katastrophe beendet wird. Die Eboli-Handlung hat ihren Höhepunkt mit der anschließenden fallenden Handlung bereits im 2. Akt, 8. Auftritt.

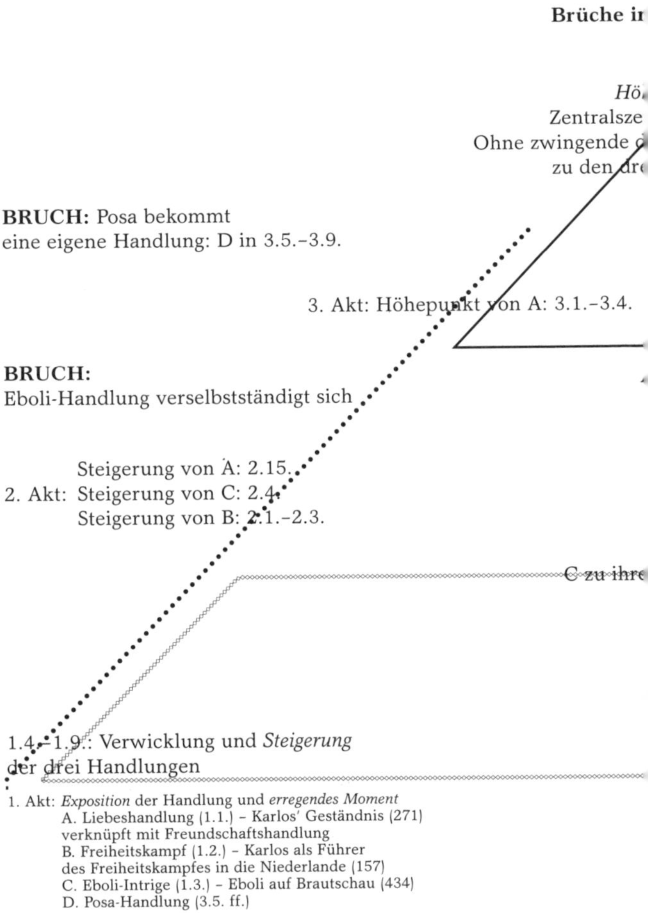
Brüche ir
Hö
Zentralsze
Ohne zwingende d
zu den dre
BRUCH: Posa bekommt
eine eigene Handlung: D in 3.5.–3.9.
3. Akt: Höhepunkt von A: 3.1.–3.4.
BRUCH:
Eboli-Handlung verselbstständigt sich
Steigerung von A: 2.15.
2. Akt: Steigerung von C: 2.4.
Steigerung von B: 2.1.–2.3.
C zu ihre
1.4.–1.9.: Verwicklung und *Steigerung* der drei Handlungen
1. Akt: *Exposition* der Handlung und *erregendes Moment*
A. Liebeshandlung (1.1.) – Karlos' Geständnis (271) verknüpft mit Freundschaftshandlung
B. Freiheitskampf (1.2.) – Karlos als Führer des Freiheitskampfes in die Niederlande (157)
C. Eboli-Intrige (1.3.) – Eboli auf Brautschau (434)
D. Posa-Handlung (3.5. ff.)

)ramenaufbau

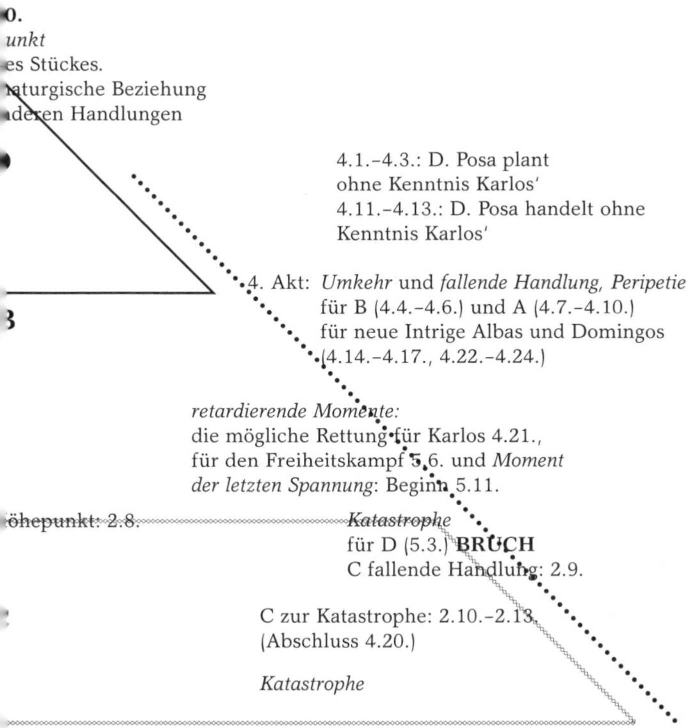

5. Akt: *Katastrophe*
für A und B (5.6.–5.9.)
für Gesamthandlung (5.10.–5.11.)

Planmäßiger Verlauf einer aristotelischen (klassischen) Struktur:
Verlauf der Eboli-Intrige als eigene Handlung :
Verlauf der Posa-Handlung:
Verlauf der anderen Handlungen
(Liebes-, Freundschafts- und Freiheitshandlung):

Als politisches Drama wird *Don Karlos* durch die Familienhandlung möglich, beide Handlungsstränge (A, B) verfügen in der Figur Posas aber über den gleichen Beteiligten: Er will einmal die Interessen der Niederländer durchsetzen und zum anderen dem König beim Klären der Familienprobleme dienstbar sein. Mindestens drei Handlungsstränge werden in der endgültigen Fassung anfangs parallel geführt, nicht immer einander bedingend, aber sich gegenseitig treibend: Im 1. Akt, 1. Auftritt ist es Karlos' Geheimnis, das Spannung erregt, Gegner wie Domingo auf den Plan ruft und sich später als verbotene Liebe zu seiner Stiefmutter herausstellt, aber für die Handlung an Bedeutung verliert und von Karlos schließlich auch im Interesse des politischen Kampfes aufgegeben wird. Im 1. Akt, 2. Auftritt wird der niederländische Freiheitskampf erwähnt, in dem Karlos von den Niederländern erwünscht ist. Obwohl Karlos dem geringe Aufmerksamkeit schenkt, wird er durch Posa (und die Königin) handlungsbestimmend und beherrscht am Ende auch Karlos' Fluchtplan: Er soll von Cadix (4980, Seehafen und Festung in Südspanien) nach Vlissingen (4981, Seehafen auf der Insel Walcheren in der niederländischen Provinz Zeeland) segeln, in Brüssel liegt Geld bereit (5101 ff.), aus Gent (5361, Hauptstadt von Ostflandern) will Karlos den ersten Brief schreiben. Die dritte Handlung wird im 1. Akt, 3. Auftritt eröffnet: Es ist die Eboli-Intrige, die selbstständig neben den beiden anderen Handlungen verläuft und die Konflikte der anderen Handlungen verstärkt, aber auch eine in sich geschlossene Verführungshandlung ist. Die Eboli-Handlung lebt von Verwechslungen, Täuschungen und Betrug. Während Karlos sich am falschen Orte wähnt und zu entkommen versucht, aber am richtigen Orte ist, soll er der Eboli eine Liebe gestehen, von der er keine Ahnung hat. Daraus entwickelt sich ein Gespräch, in dem beide aneinander vorbeireden, sich missverstehen und dadurch falsche Schlüsse ziehen; solche Gespräche werden gemeinhin „windschiefe Gespräche" genannt. Die Eboli-Handlung ist ein relativ selbstständiges **Intrigenspiel;** es lebt aus gefährlichen, teils drastischen Situationen voller Verwicklungen und

drei Handlungsstränge

Eboli-Handlung

Verwechslungen, verzichtet auf seelische Konflikte und setzt dafür Ränke und Komplotte ein. Als besonders sinnfälliges Beispiel des Intrigenspiels galt Beaumarchais' *Der tolle Tag oder Figaros Hochzeit* (Mozarts *Die Hochzeit des Figaro*). Schiller war sich dieser Anlage bewusst, beförderte sie und hatte mit *Kabale und Liebe* ein Muster dafür geschaffen. Mit handfesten, fast kriminellen Vorgängen schafft es große, wenn auch kaum dauernde Spannung, deren Träger immer wieder Frauen sind. Ausgelöst werden Intrigenspiele bevorzugt durch Briefe – im *Karlos* sind es gleich zwei –, verwechselte Zimmer, auch Personen und zufällig auftauchende Requisiten wie das Taschentuch in Shakespeares *Othello* oder in Schillers *Don Karlos* der Schlüssel. **Schlüssel** bekommen im *Don Karlos* eine leitmotivische Funktion: Zuerst schafft der Schlüssel zum Kabinett der Eboli die Verwirrung und setzt den Konflikt in Bewegung (1258); dann steigert der fehlende Schlüssel zur Schatulle der Königin die Spannung (3355) und schließlich bringt der Schlüssel „zum Gemach der Königin" (4909) die Katastrophe. Planmäßiger kann ein Motiv nicht für die dramatische Entwicklung eingesetzt werden.
Schiller beherrschte die Mittel des Intrigenstücks meisterhaft, wie die **Briefszenarien** in den *Räubern* und *Kabale und Liebe*, wie Franz Moor in den *Räubern*, dem Schiller in der „unglückseligen Katastrophe seiner Intrige" (NA 22, 124) menschliches Fühlen bescheinigt, beweisen. Meisterhafte Intrigen konnte Schiller bei Shakespeare lernen. Intrigen mit Briefen sind auch in anderen Szenen wichtig, so bei Domingo, der die Liebe der Königin entlarven und Karlos stürzen möchte (2179 ff.), zwischen Karlos und Posa (2289 ff., 2400 ff., 2432), zur Information des Königs über die Liebe Karlos' (2554 ff.) und als grundsätzliches Mittel der Information (2465 ff.). Gegen Ende löst ein Brief Posas (4. Akt, 22. Auftritt), den dieser absichtlich in die Hände des Königs spielt, die abschließende Handlung aus (4685 ff.). Die dramatische Bewegung der Szenen 4.1.–16. folgt den Regeln des Intrigenspiels und verstellt das Verständnis für Posa, der nun auch die Königin und den Freund zu Elementen seines diplomatischen und politischen Spiels macht. Moralisch wertet sich Posa dabei ab, indem er die Königin in

seine Intrige als Geliebte einbezieht und damit auch den Freiheitskampf in Flandern, in dem die Königin engagiert ist und für den sie Geld gibt, gefährdet. Schiller lenkte bei ihm „vom Problem des politischen Freiheitskampfes zur problematischen Moralität des Kämpfers hinüber. Schiller lässt Posa zum Intriganten werden."[28] –
Neben diesen teils unabhängig voneinander sich entwickelnden Handlungen wird der Aufbau durch einen Gegensatz der **Handlungsorte** geprägt: Der 1. Akt spielt in den anmutigen Gärten von Aranjuez, die 14. und 15. Szene des 2. Aktes ebenfalls fern der Hauptstadt in einem Kloster. Alle anderen Szenen spielen im königlichen Schloss von Madrid. In der Fassung von 1787 und der endgültigen Fassung 1805 ist der Gegensatz fassbar als Polarität von freier Natur und höfischem Zwang; allerdings sind Reste einer Konfrontation von zerstörtem Paradies und Hölle erkennbar, wie sie aufklärerisches Denken bestimmte. Deutlicher ist dieser Gegensatz im *Thalia-Fragment* 1785 zu erkennen: Karlos fühlt sich zu Beginn (1. Akt) im Paradies verfolgt „wie die Gerichte Gottes" (NA 6, 347) und findet sich vor den Gestalten der Byblis und des Caunas wieder, eines Zwillingspaares, das an seiner Liebe zueinander zugrunde ging (Ovid *Metamorphosen*). Der 2. Akt beginnt mit einer später nicht ausgeführten Szene, die Schiller von Mercier übernahm: Nach einem Autodafé, einer Ketzerverbrennung, kehrt Philipp mit seinem Hofstaat in den Palast zurück. Der Großinquisitor übergibt dem König ein vom Papst verliehenes Glaubensschwert; es schließt sich die Szene an, in der Karlos Alba als eine Art Teufel beschreibt (s. S. 65).
Die **Handlungszeit** drängt zur aristotelischen Einheit, die auch das klassizistische französische Drama übernommen hatte: „Der Tragödiendichter legt es darauf an, dass die im Spiel dargestellte Handlung sich innerhalb eines Sonnenumlaufes (also innerhalb 24 Stunden) entwickelt oder doch nur wenig Zeit darüber hinaus beansprucht"[29]: Während die ersten beiden Akte zwei Tage umfassen, spielen die anschließenden (3.–5. Akt) an einem Tag von morgens bis kurz nach

28 Wölfel, S. 61
29 Aristoteles, S. 15

Mitternacht. Der Schluss weist allerdings eine bei Dramen ungewöhnliche **Zeitdehnung** auf, durch die Schiller zusätzliche Spannung geschaffen hat. Ein Drama bietet, im Gegensatz zur Prosa, die das Verhältnis von Erzählzeit und erzählter Zeit nach Bedarf gestalten kann, zeitliche Deckung, d. h. dass der einzelne Handlungsausschnitt *auf der Bühne* mit der Zeit, die für die Handlung in der Wirklichkeit nötig wäre, übereinzustimmen scheint und dadurch das Bühnengeschehen gegenwärtig wird. Am Ende des 5. Akts, 6. Auftritts steigt die Spannung auf einen Höhepunkt, auf den der Zuschauer mehrfach hingewiesen wird: Posa ist tot, Karlos verzweifelt, die Königin will ihn um Mitternacht erwarten, um ihm Posas Hinterlassenschaft als Auftrag zu übergeben: „Die Zeit / Ist zwölf Uhr." (4915 f.) **Spannung und Zeit verhalten sich reziprok**. Erreicht wird das durch die Überlagerung einer konkreten Absprache zwischen der Königin und Karlos und der Sage, dass um „Mitternacht in den gewölbten Gängen / Der königlichen Burg, in Mönchsgestalt, / Der abgeschiedne Geist des Kaisers wandle." (4901 ff.) Am Ende des 6. Auftritts wird die Zeit festgelegt, im 7. Auftritt wird zur Eile getrieben („Fliehen / Sie ohne Aufschub.", 4921 f.), im 8. Auftritt ist die Zeit weit fortgeschritten (es ist Stunden nach Sonnenuntergang, vgl. 4975 ff.) und die Begegnung steht bevor, aber auch Alba weiß von dieser Zeit (5009) und plant, Karlos' Reise – „Schlag zwei Uhr soll / Die Post vor dem Kartäuserkloster halten." (5096 f.) – zu verhindern. Ehe es jedoch dazu kommt, zu Beginn des letzten, 11. Auftritts, vergehen zwei inhaltlich aufwändige Szenen, also viel Zeit. Je größer die Spannung wird und je mehr die Personen zur Eile getrieben werden, desto länger dehnt sich entgegen dramaturgischer Gesetze die Zeit. Das ist kein „technischer Mangel des Dramas"[30], sondern ein Kunstgriff. Es entsteht zusätzliche Spannung dadurch, dass die Zeitangabe „zwölf Uhr" (4916) und „Mitternacht" (5009) mehrfach variiert (nach Sonnenuntergang, binnen Mitternacht und Morgen usw.) und permanent mit bedrohlichem Inhalt gefüllt wird. Lerma fordert den Prinzen auf: „Retten Sie sich" (4917); der Kö-

30 Kayser, S. 209

nig kündigt an: „Die Welt / Ist noch auf einen Abend mein. Ich will / Ihn nützen diesen Abend, dass nach mir / Kein Pflanzer mehr in zehen Menschenaltern / Auf dieser Brandstatt ernten soll." (5082 ff.)

Vater-Sohn-Konflikt

Die ursprüngliche Familienhandlung bedient sich einer bewährten Grundstruktur, dem Vater-Sohn-Konflikt. Der Konflikt ist alt und wird bis zur Parabel vom verlorenen Sohn im Lukas-Evangelium zurückgeführt und mit dem Bild vom „eisernen Vater" beschrieben.[31] In der Abfolge bedeutender Beispiele, die bis zu Franz Kafkas *Das Urteil* reichen, nimmt Schillers *Don Karlos* eine herausragende Stelle ein. – Im Konflikt definieren und legitimieren sich Söhne als weltanschauliches und moralisch-ethisches Gegenstück zu ihrem Vater; der Konflikt steigert sich mit zunehmender Gnadenlosigkeit der Väter. Gründet sich das wie im vorliegenden Fall noch auf den Besitzanspruch an eine Frau, wird die bewährte und oft variierte Grundstruktur zum außergewöhnlichen Fall und erreicht ein Höchstmaß an Erbarmungslosigkeit. Sie wird von Schiller kontinuierlich aufgebaut und über verschiedene Stufen bis zur totalen Familienzerstörung geführt. Im Augenblick, als Karlos „und mir wird er verzeihn" sagt und das Wort „verzeihn" fällt (4730), ehe der Vers vollendet ist, trifft der tödliche Schuss Posa: Das bedeutet auch Karlos' Ende. Es ist die völlige Konzentration auf den König, der kein Vater sein kann und will, weil das die Macht gefährde. Der eigentliche Sieger aber ist die Inquisition.

Der Aufbau des *Don Karlos* ist oft kritisiert worden[32]; die lange Entstehungszeit und die verschiedenen Fassungen haben Wirkung im Handlungsverlauf gezeigt. Bis auf **eine Verschiebung** ist das Gesamtgefüge jedoch relativ einheitlich geblieben: Die Gestalt des Karlos tritt ab dem 3. Akt zurück und macht Platz für Posa, der bis zu seinem Tod die Handlung dominiert. Dass diese Verschiebung das Stück dennoch kaum stört, erklärt sich aus der geistigen Nähe von Karlos und Posa. Da Karlos an den Freiheitskämpfen der Niederländer nur mäßig interessiert ist (170 ff.), tritt Posa an die Stelle. Der Freiheitsgedanke

31 Vgl. von Matt, S. 75 ff.

32 Petsch, S. 282

Der Freiheitsgedanke wird zur Klammer der Handlung

wird zur Klammer der Handlung, scheidet das Figurenensemble in Fürsprecher (Posa, Karlos, Königin) sowie Gegner (König, Alba, Großinquisitor) und hat auch eine umfangreiche geschichtsphilosophische und staatspolitische Begründung in der Zentralszene des Stückes (3. Akt, 10. Auftritt) erhalten. Ohne eine dramatische Handlung zu haben, wird die Szene zum ideellen Zentrum und zum Forum für Schillers weltanschaulich-politische Ansichten, die von Rousseaus *Gesellschaftsvertrag*[33] geprägt sind: Das Naturrecht, als Alternative zum Absolutismus, gebe den Menschen Freiheit und Gleichheit. In den *Briefen über Don Karlos* wurden Posas Ideale zur „Hauptidee" des Stückes erklärt und der ursprüngliche Ansatz der Familientragödie zurückgedrängt.

Die Spannung erreicht ihren ersten Höhepunkt, als einer von Schillers berühmten Sätzen fällt, die für Konfliktballungen stehen. Hier ist es der Satz „Ich liebe meine Mutter." (271), der durch die bereits vorhandenen Kenntnisse – es handelt sich um Stiefmutter und einstige eigene Braut – Sprengkraft bekommt. Schiller hatte in seinen Dramen einen ausgeprägten Sinn für **Eröffnungs- und letzte Sätze**, in denen bestimmte Situationen sprachlich auf den Punkt gebracht werden. Berühmt wurde der Eröffnungssatz der *Piccolomini* „Spät kommt Ihr – Doch Ihr kommt! Der weite Weg, / Graf Isolan, entschuldigt Euer Säumen." (I 49, 1 f.) oder der Schlusssatz der *Räuber* „Dem Mann kann geholfen werden." Schillers Stücke enden grausam. Der **Schluss** des *Karlos* ist von besonderer Qualität. Philipps letzter Satz bedeutet die ungeheuerliche Lösung: „Kardinal! ich habe / Das Meinige getan. Tun Sie das Ihre." (5369 f.) Es ist das Todesurteil für den eigenen und einzigen Sohn.

Da wird nicht nur Rache geübt, sondern der Rächer wird ein Einsamer. Philipp vernichtet Frau und Sohn, weiß aber, dass er ein einsamer Mensch sein wird und auch seine Dynastie damit beendet hat. Sein letzter Gesprächspartner ist der Großinquisitor, er selbst spricht

33 Jean Jacques Rousseau: *Du contrat social ou Principes du droit politique* (Vom Gesellschaftsvertrag oder Grundsätze des politischen Rechts, Erstausgabe1762)

nur noch „kalt und stille" (5369): Kalt und unbarmherzig war er schon immer, „stille" nimmt sich als Redehinweis absurd aus und signalisiert völliges Verstummen.

Die **Verwandlung der Prosa in Verse** war ein entscheidender Einschnitt, auf den Schiller später in der Vorrede *Über den Gebrauch des Chors in der Tragödie* zur *Braut von Messina* zurückblickte („... die metrische Sprache selbst ist ideal; aber die Handlung soll nun einmal real sein ..."). Mit der Metrik sei man der poetischen Tragödie um einen großen Schritt näher gekommen. Das bedeutete auch, für die entstehende deutsche klassische Dramatik das entsprechende Versmaß und zu den antiken Vorbildern eine adäquate Entsprechung gefunden zu haben. Andererseits gab es beträchtliche Probleme mit dem Publikum, das an die Jamben nicht gewöhnt war und sie ablehnte. Schiller war gezwungen, trotz seiner grundsätzlichen Entscheidung einige Bearbeitungen des *Don Karlos* für die Bühne in Prosa vorzunehmen.

Zentrum des Stückes ist die Audienzszene

Zentrum des Stückes ist die Audienzszene (3. Akt, 10. Auftritt), in der Philipp den Marquis Posa empfängt. Sie bildet die Zusammenfassung der staatspolitischen, philosophischen und historischen Ansichten Schillers, die sich auch in gleichzeitigen ästhetischen Schriften (*Briefe über Don Karlos,* 1788) und in der *Geschichte des Abfalls der vereinigten Niederlage von der spanischen Regierung* (1788) wiederfinden. Posa erweist sich als europäischer Aufklärer, der die Erfahrungen der niederländischen Befreiungsbewegung „aufs engste mit Vorstellungen über eine humane Umgestaltung des miserablen Weltzustandes"[34] zu verbinden versucht. Er benutzt dafür das um 1760 in Frankreich entwickelte Modell des „aufgeklärten Absolutismus", der durch „Fürstenerziehung" zu erreichen sei, und erklärt sie: „Bürgerglück / Wird dann versöhnt mit Fürstengröße wandeln" (3152 f.). Damit wird die Szene „unhistorisch", denn es stoßen zwei Zeitalter in ihr zusammen: der Absolutismus auf dem Höhepunkt (1568, Philipp II. als Repräsentant) und der Absolutismus kurz vor dem Zusammen-

34 Otto, S. 99

bruch (1762, Karlos und Posa als Repräsentanten des Naturrechts Rousseaus). Das Naturrecht gehört zu Schillers Zeit zu den aktuellen philosophischen Entwicklungen; es zielt auf einen „Gesellschaftsvertrag", der das Verhältnis zwischen Staat und Bürger regelt. Wenn der Staat nicht für Freiheit und Gleichheit eintritt, hat der Bürger ihm gegenüber keine Pflichten mehr. Schiller führte diesen Zusammenstoß zweier Zeitalter bewusst herbei: „Es mag zwar ein gotisches Ansehen haben, wenn sich in den Gemälden Philipps und seines Sohns zwei höchst verschiedne Jahrhunderte anstoßen, aber mir lag daran, den *Menschen* zu rechtfertigen, und konnt' ich das wohl anders und besser als durch den herrschenden Genius seiner Zeiten?"[35]

Zusammenstoß zweier Zeitalter

35 Friedrich Schiller: *Dom Karlos. Thalia-Fragmente 1785–1787.* (Vorwort). In. NA 6, 345. „Gotisch" hatte zu dieser Zeit noch die Bedeutung „formlos, wirr". Den entscheidenden Vorstoß, „gotisch" von den negativen Überlagerungen zu befreien, hatte Goethe mit seinem Aufsatz *Von deutscher Baukunst* (1773) gemacht: Er polemisierte gegen „alle synonymischen Missverständnisse", die „von Unbestimmtem, Ungeordnetem, Unnatürlichem, Zusammengestoppeltem, Aufgeflicktem, Überladenem" sprachen. Er setzte als Inhalt von „gotisch" den Eindruck des Straßburger Münsters dagegen und erklärte „gotisch" zur deutschen Baukunst. Goethe: Berliner Ausgabe. Band 19, Berlin und Weimar: Aufbau-Verlag, 1973, S. 32 f.

2.4 Personenkonstellation und Charakteristiken

Schiller sah anfangs **wesentliche Charaktere** nur in Philipp II., Don Karlos, der Königin Elisabeth, dem „grausamen heuchlerischen Inquisitor" (NA 7 II, 12) – der schließlich nur wenige Worte bekam – und Herzog Alba. Erst später kamen Posa und die Eboli hinzu. Sie stammten durchweg aus höchsten Kreisen der Macht, „die nicht nur den größten Einfluss auf ihre Zeit ausübten, sondern auch der Menschheit die tiefsten Wunden schlugen" (Streicher NA 42, 73). Zwar wollte Schiller „die handelnden Personen als Tyrannen, als blutdürstige Henker" zeichnen, aber „die verabscheuungswürdigsten Menschen mit derselben Larve, die sie im Leben, und besonders an Philipps Hofe trugen, getreu darstellen" (Streicher, NA 42, 73).

Philipp II.

zentrale Figur

ist die zentrale Figur des Stückes. Er wirkt lähmend auf die Ereignisse. Sein erster Auftritt im Stück (1. Akt, 6. Szene) wird begleitet von einer unverhältnismäßig hohen Strafe: Die Marquisin von Mondekar wird zehn Jahre verbannt, weil sie nicht bei der Königin war. Sein Starrsinn gibt dem Hof den Charakter eines Friedhofs („Die Ruhe eines Kirchhofs", 3162), unterstützt wird das durch die Inquisition. Philipp stellt eine verbissene, aber würdevolle Hoheit aus, misstrauisch, verschlossen, aber fleißig und pflichttreu. In seiner *Geschichte des Dreißigjährigen Krieges* beschrieb ihn Schiller später als einen bösen, rachedurstigen König mit einem „despotischen finstern Charakter" (1. Teil, 1. Buch). Philipps Verhalten entspricht dem verbreiteten historischen Urteil außerhalb der spanischen Geschichtsschreibung. Argwohn und Misstrauen, Freude an der Hinrichtung und Leidenschaften für Autodafés, Eifersucht und Unbarmherzigkeit seien seine entscheidenden Eigenschaften, sein Verständnis von Macht sei auf die unantastbare absolutistische Gewalt gerichtet gewesen.

In dem Vorwort zum *Thalia-Fragment* 1785 lehnte Schiller es ab, Philipp als ein Ungeheuer zu zeichnen, da er ihn in einen tragischen Konflikt stellen wollte. Dem Dichter lag daran, „den Menschen zu rechtfertigen, und konnt' ich das wohl anders und besser als durch den herrschenden Genius seiner Zeiten?" (NA 6, 345) Das Bild Philipps bei Schiller schwankte. Hatte er im *Karlos* Philipp zur tragischen Gestalt werden lassen, ihm menschliche Züge zugebilligt und den „Despoten" zurückgedrängt, wenn auch nicht völlig ausgeschieden („des Despoten Seele", 2970), so gab er ihm 1789 im *Philosophischen Gespräch*[36] aus dem Roman *Der Geisterseher* den alten Charakter zurück, indem er seinen Prinz sagen ließ: „Der Despot ist das unnützlichste Geschöpf in seinen Staaten, weil er durch Furcht und Sorge die tätigsten Kräfte bindet, und die schöpferische Freude erstickt. Sein ganzes Dasein ist eine fürchterliche Negative; und wenn er gar an das edelste, heiligste Leben greift und die Freiheit des Denkens zerstöret – hunderttausend tätige Menschen ersetzen in einem Jahrhunderte nicht, was *ein* Hildebrand und *ein* Philipp von Spanien in wenig Jahren verwüsteten." (NA 16, 169)

Im Stück wird **Philipp** in einen **tragischen Konflikt** verwickelt. Er kann die Einsamkeit des Herrschers nicht ertragen und wird dadurch verletzlich, kann sogar zum Entsetzen des Hofes weinen (4465). Der König hat seine Macht ohne menschliche Regungen auszuüben; zeigt er solche, gilt er für ohnmächtig. Das wird zweimal mit Tränen demonstriert: Als er in seiner Enttäuschung über Posa weint, kann das der treue Graf Lerma nicht fassen („Graf, was ist geschehen? / Sie sind ja blass wie eine Leiche.", 4462 f.) und empfindet die menschliche Regung als „teufelisch" (4464), weil Philipp in diesem Augenblick seine Macht verliert. Alba reagiert kurz darauf auch mit den Worten: „Der Sieg ist unser." (4486) Sein Gegenspieler wird Posa. Als Philipp nach Posas Tod glaubt, seine Granden weinten, „von einem Knaben weich gemacht" (4869), sieht er sich verraten und will die Macht abgeben:

36 Bei diesem *Philosophischen Gespräch aus dem Geisterseher* handelt es sich um die Erstfassung, die während der Entstehung des *Don Karlos* geschrieben und in der *Thalia*, 6. Heft, 1789 veröffentlicht wurde.

Umgeben von weinenden Menschen ist er nur „ein ohnmächt'ger Greis" (4875). Philipp kann nur Mensch oder König sein; da er beides sein möchte, verliert er seine Macht an die Inquisition, der Menschlichkeit fremd ist. – Bei Philipp dürfte Schiller auch den Herzog Karl Eugen von Württemberg (1728–93) mitgedacht haben, der für ihn Despot und bis in die Familie hinein bestimmender Mäzen war.

Marquis von Posa
ist seit der Buchfassung von 1787 ein Malteserritter (s. S. 23 f.), im *Thalia-Fragment* 1785 war er „Dom Rodrigo, Marquis von Posa, Kammerjunker des Prinzen" (NA 6, 346). Er tritt „als fertiger Charakter in das Werk ein, mit fixiertem Ziel, das er um jeden Preis zu erreichen sucht"[37], steht für menschliche Vernunft und aufklärerisches Denken ein und vertritt republikanische Prinzipien, wie sie zu Schillers Zeit im amerikanischen Unabhängigkeitskampf zu erleben waren (Posa zum König: „Werden Sie / Von Millionen Königen ein König.", 3200 f.). So wird er zum Gegenbild des Renaissance-Herrschers Philipp. Seine Freiheitsvorstellung verbindet sich mit dem Naturrecht, nicht mit dem revoltierenden Aufbegehren eines Karl Moor (*Die Räuber*). Er ist die intellektuelle Variation des Sturm-und-Drang-Helden. Sein Denken ist triadisch geprägt und enthält dialektische Ansätze: Nach einer vollkommenen Vergangenheit in der Frühgeschichte der Menschheit strebt er in einer widersprüchlichen Gegenwart eine die Vergangenheit auf höherer Stufe wiederholende Glückseligkeit an. Erreichen will er das durch die Erziehung des Königs, aus dem er einen „aufgeklärten Fürsten" machen will. Posa trägt Züge seines Schöpfers[38]; was Schiller diesem „dichtete, hätte er sein können" (Caroline von Wolzogen, NA 42, 391). Schillers Lesefrüchte und die daraus entstehenden philosophischen Ansichten wurden zum Inhalt des Dialogs in der Audienzszene (3. Akt, 10. Auftritt).

Gegenbild des Renaissance-Herrschers Philipp

37 Otto, S. 106

38 Zwischen Schiller und Posa sah Hans Mayer Beziehungen wie zwischen Goethe und Tasso, Kleist und Homburg und Büchner und Danton. Vgl. Mayer, *Brecht*, S. 275

In den *Briefen über Don Karlos* beschreibt Schiller Posa als „Beispiel aller großen Köpfe", das zwischen „Finsternis und Licht" entstehe: „Der Zeitpunkt, wo er (der Charakter Posas, R. B.) sich bildet, ist allgemeine Gärung der Köpfe, Kampf der Vorurteile mit der Vernunft, Anarchie der Meinungen, Morgendämmerung der Wahrheit" und der Zeitpunkt war derjenige, „worin stärker als je von Menschenrechten und Gewissensfreiheit die Rede war" (NA 22, 140 f.). Diese Beschreibung Posas galt vorrangig nicht dem Spanien Philipps II., in dem die Inquisition siegte, sondern Schillers Gegenwart, in der die genannten aufklärerischen Positionen die Voraussetzungen für die Französische Revolution von 1789 schufen.

Posa weiß, dass seine Ideale erst in einer fernen Zukunft Wirklichkeit werden („Das Jahrhundert / Ist meinem Ideal nicht reif.", 3078 f.). Trotzdem wirbt er in der Gegenwart für die Freiheit der Niederlande und ist *der* Stratege des Aufstands: Er sucht die geeigneten Anführer für die Niederländer (Karlos, 160), die ihm zu vertrauen scheinen (3471 ff.), und er hat auf Reisen „alle nord'schen Mächte / Für der Flamänder Freiheit zu bewaffnen" (4992 f.) versucht; er befördert geheime Dokumente, propagiert den Wert der nationalen für die Welt-Politik, nimmt die Gefahren bei der Vorbereitung der „Rebellion" (3468) auf sich und versucht einerseits, den König für seine Politik zu gewinnen, andererseits hat er alles vorbereitet, um Karlos illegal nach Flandern zu bringen. Dort scheint er mit Egmont und Oranien entsprechende Vorbereitungen getroffen zu haben (3487 ff.). Posas Pläne zwingen auch Alba Achtung ab (5002 f.).

Träger des Schiller'schen Idealismus

Er ist der Träger des Schiller'schen Idealismus. In einem Brief an Wilhelm von Humboldt vom 29. November 1795 beschrieb Schiller seine Utopie:

„Denken Sie sich aber den Genuss, lieber Freund, in einer poetischen Darstellung alles Sterbliche ausgelöscht, lauter Licht, lauter Freiheit, lauter Vermögen – keinen Schatten, keine Schranke, nichts von alledem mehr zu sehen –. Mir schwindelt ordentlich, wenn ich an diese Aufgabe – wenn ich an die Möglichkeit ihrer Auflösung denke."[39]

Den idealen Welt- und Menschheitsentwurf entwickelte Schiller kritisch. In seinen *Briefen über Don Karlos* polemisierte er gegen seinen idealen Posa, weil dieser sich intriganter Mittel bedient habe. Auch bestehe bei Posas idealer Schwärmerei die Gefahr, die Möglichkeiten der Wirklichkeit aus den Augen zu verlieren, deshalb:

„Die Tugend handelt groß um des Gesetzes willen, die Schwärmerei um ihres Ideals willen, die Liebe um ihres Gegenstandes willen. Aus der ersten wollen wir uns Gesetzgeber, Richter, Könige, aus der zweiten Helden, aber nur aus der dritten unsern Freund erwählen." (NA 22, 170)

Posa ist nicht makellos; mit seinen Intrigen, dem auf die Königin gelenkten Verdacht des Ehebruchs und der Verwendung Karlos' als Werkzeug seines politischen Kampfes verliert er viel von seiner moralischen Vorbildlichkeit. Als Malteserritter hatte er ein dreifaches Gelübde abgelegt, darunter das der Keuschheit. Seine Selbstbezichtigung, die Königin geliebt zu haben, verrät auch dieses Gelübde.

Don Karlos

wurde am 8. Juli 1545 geboren. Seine Mutter Maria von Portugal starb vier Tage nach der Geburt. Der schwächliche Knabe hatte ein eigensinniges Temperament, das der Vater zu zügeln versuchte. Daraus entstand eine unerbittliche Feindschaft zwischen Vater und Sohn. 1560 huldigten Karlos die Stände als Thronfolger (12). Nach einem Unfall 1564, bei dem er sich schwere Kopfverletzungen zuzog, zeigte er Zeichen der Verwirrung. – Dass zwischen ihm und seiner Stiefmutter Isabella (Elisabeth) von Valois, die zuerst seine Braut werden sollte, eine

unerbittliche Feindschaft zwischen Vater und Sohn

39 Jonas, *Schillers Briefe*, IV, S. 338 f.

Liebesbeziehung bestand, ist nicht belegt, wohl aber verstanden sich beide sehr gut. 1561 begann er an der Universität Alcala seine Studien. Er misstraute nicht nur dem Vater, sondern auch dessen Vertrauten. Da Karlos auch dem absolutistisch regierenden König mit eigenen Vorstellungen zur Hebung des Einflusses von Adel und Städten entgegentrat, plante dieser, Karlos zu enterben. Karlos forderte das Kommando in Flandern, das aber Alba erhielt. Die von Karlos geplante Flucht wurde verraten, der Prinz von seinem Vater verhaftet und eingesperrt. 1568 starb er in der Haft. – Karlos war ein empfindsamer, sensibler und erregbarer Mensch, dessen Leidenschaften die Grenzen zur Krankheit streiften. Robert Walser ließ ihn sich selbst so beschreiben:

> *„Mysteriöse Erscheinung, die ich bin! Ich vermochte die Hofluft nicht zu ertragen, der Hof ertrug wieder mich nicht. Marquis Posa hätte vielleicht nie mein Freund sein sollen. Diese Freundschaft war aber Tatsache. Mich überkam ein Bedürfnis, aus einer Umarmung in die nächstliegende andere zu stürzen. Ich flog, taumelte von Betäubung zu Betäubung und kann auch jetzt noch nicht umhin, mir unerklärlich zu sein. Ich hielt und halte es innerhalb meiner selber kaum aus. Ich bin mir etwas durchaus Unerträgliches."*[40]

Karlos' literarische Verwandtschaft ist groß; Schiller hat sie exakt benannt: „Karlos hat ... von Shakespeares Hamlet die Seele – Blut und Nerven von Leisewitz' Julius (*Julius von Tarent*, R. B.), und den Puls von mir." (Brief an Reinwald vom 14. April 1783, NA 7 II, 15) Karlos „muss seine Gefühle verbergen, und sein Handeln ist gehemmt. Diese Handlungshemmung lässt ihn als einen Bruder Hamlets erscheinen."[41] Im Stück gerät Karlos zwischen Philipp und Posa.

Elisabeth von Valois
wurde 1545 zu Fontainebleau als Tochter König Heinrichs II. von Frankreich und der Katharina von Medici geboren. Zuerst mit dem gleichaltrigen Don Karlos verlobt, wurde sie am 30. Juni 1559 mit

40 Walser, S. 37
41 Safranski, S. 235

Philipp II. vermählt – wegen ihrer Jugend anfangs nur formell, wobei Alba Philipp II. vertrat (2634 ff.). Philipp gebar sie zwei Töchter, eine – Infantin Klara Eugenia, ein Kind von drei Jahren – wird im Personenverzeichnis aufgeführt. Während Philipp den Staat als Familienbesitz betrachtete, sah er Elisabeth als sein privates Eigentum an („Das ist mein eigen.", 865). Elisabeth starb 1568 bei der Geburt der zweiten Tochter. Sie ist bei Schiller eine makellose Frau, die alle Forderungen der weiblichen Tugend ihrer Zeit erfüllt. Gegen Ende des Stücks entsteht aus ihrem Leiden und Verzichten zusätzliche Spannung; Elisabeth bekommt dadurch, wenn auch spät in Schillers Stück, ein ausgeprägteres Profil. Von Beginn an hat sie auch politische Interessen, die sie als sozial interessiert kennzeichnen: Sie ist gegen die Inquisition, gegen fürstlichen Prunk, für eine tolerante Herrschaft und freie Niederlande. Sie ist konstruktiv und mit finanziellen Mitteln an der Vorbereitung der Rebellion in den Niederlanden beteiligt (3495 ff.), verspricht die Unterstützung der Aufständischen durch Frankreich und Savoyen, löst einen Volksaufstand in Madrid zur Rettung Karlos' aus (4926 ff.) und begibt sich damit in die große Politik. Sie erkennt zuerst Posas Selbstsucht, mit der er seinen Stolz zu befriedigen sucht und dabei keine Rücksicht nimmt („Mögen tausend Herzen brechen, / Was kümmert Sie's", 4385 f.). – In den Charakter ist auch die geistvolle und vielseitige Bildung ausweisende Charlotte von Kalb eingegangen, die Schiller Beraterin – gerade beim *Don Karlos* –, Freundin, Kritikerin und Geliebte war.

makellose Frau

Prinzessin von Eboli

Anna de Mendoza, Fürstin von Eboli, war die Tochter des Vizekönigs von Peru. Geboren 1540, heiratete sie 1559 den sehr viel älteren Rui Gomez de Sylva, der 1572 starb. Sie hatte mit ihm zehn Kinder. – Die Eboli, schön, herrsch- und genusssüchtig, lebte in der zerrütteten Moral ihrer Gesellschaft und bediente sich ihrer, hatte aber noch einen Rest Tugend bewahrt, mit dem sie sich vor dem Laster des Hofes (dem sexuellen Verlangen des Königs) zurückhielt. Erst als nicht nur ihr Verlangen nach Karlos enttäuscht wurde, sondern auch ihre Tugend und Ehre öffentlich angegriffen zu werden drohten, gab sie den Anträgen nach und versuchte, sich als Geliebte des Königs für die Enttäuschungen zu rächen. Der spätere Herzog von Pastrana soll aus dieser Beziehung stammen. – Sie ist im Stück nicht nur eine böse Intrigantin, sondern auch die enttäuschte Frau. Auch diesem Charakter hat Schiller Züge der Charlotte von Kalb eingearbeitet; diese hatte ihm nach den weitgehend statuarischen weiblichen Charakteren in den *Räubern* und *Fiesco* Hinweise zur Gestaltung der weiblichen Personen gegeben, um frühere Fehler zu vermeiden.

nicht nur böse Intrigantin, sondern auch enttäuschte Frau

Herzog von Alba

Ferdinand Alvarez von Toledo (2741), Herzog von Alba (1508–1582), ist ein spanischer Feldherr und Staatsmann, der auch in Goethes *Egmont* (1787/88) auftritt. Er war mit seiner Strenge und seinem Fanatismus für die katholische Kirche der gefürchtetste General Europas. Besonders blutig verlief seine Statthalterschaft in den Niederlanden (1567–73). Dort setzte er den „Rat der Unruhen" ein, den das Volk „Blutrat" nannte: Er sollte über die Einführung der spanischen Staatsform wachen (161 ff.). Alba ist im Stück dem König ebenbürtig und muss in seiner Gegenwart die Kopfbedeckung nicht abnehmen. (Nach 1573 verlor er das Vertrauen des Königs, weil er selbst zu große Macht in Anspruch nahm.) „Wie Gottes Cherub vor dem Paradies" (881) sieht er sich vor dem Thron stehen. Mit dieser Selbstbeschreibung weist er auf den Partner hin, durch den er mächtig ist: Nicht der König ist sein Verbündeter, sondern die Inquisition. Karlos sieht in ihm von Beginn an einen Teufel, später kommt auch der König zu dieser Auffassung (3810).

dem König ebenbürtig

Domingo

ist der Beichtvater des Königs, ein Dominikanermönch. Im *Thalia-Fragment* von 1785 wurde er als „gewesener Inquisitor" bezeichnet. Als 1480 in Kastilien die Inquisition eingeführt wurde – in Aragon gab es sie schon seit dem 13. Jahrhundert –, gab man sie in die Hände von Dominikanern, wie es in anderen Ländern schon zuvor üblich war; 1231 hatte Gregor IX. dem Orden die Inquisition übertragen. – Es wird auch in der Endfassung deutlich, dass Domingo im Dienste der Inquisition steht und zu den Verschwörern gegen Karlos, Posa und den König gehört. Sein treuester Verbündeter ist Alba. Er lenkt und leitet die privaten und feinen Intrigen im Gegensatz zu Alba, der die großen Schlachten schlägt. Mit Domingo und damit dem kleinen Repräsentanten der Inquisition wird das Stück eröffnet und Unmenschlichkeit enthüllt; mit des Großinquisitors Unmenschlichkeit endet das Stück. Widerwärtiger Verrat prägt Domingo, nicht einmal das Beichtgeheimnis ist ihm heilig (2688).

lenkt und leitet Intrigen

Der Großinquisitor

ist eine namenlose Nebenrolle, die erst im 5. Akt, 9. Auftritt wichtig zu werden beginnt und deren Bedeutung sich hinter der Szene entwickelt. Durch die Funktionsbezeichnung wird er zum Typ und seiner menschlichen Züge entäußert. Auch als Rolle sollte er „unmenschlich" gespielt werden, empfahl Schiller: „fast gar keine Mimik", den Text als „Deklamation", „deutlich starke Vorlegung des Textes", nichts tun „als verständlich sprechen" (NA 7 II, 34). Sein Vorbild ist der Patriarch aus Lessings *Nathan der Weise* mit seiner stereotypen Rede: „Tut nichts! Der Jude wird verbrannt." Er bleibt als Letzter auf der Bühne und kündigt dadurch die zukünftige Handlung an: die Vernichtung Karlos' und aller anderen Andersdenkenden. Die Inquisition ist die Macht, gegen die Schiller sein Stück schreiben wollte. Bei aller Abschwächung vom *Thalia-Fragment* bis zur Endfassung blieb das Vorhaben ansatzweise erhalten: Ist es am Anfang der ehemalige Inquisitor Domingo, der die Intrigen bei Hofe betreibt, so ist es am Ende der Großinquisitor, der zur Personifikation der politischen Macht eines Weltreiches wird.

unmenschlich

2.5 Sachliche und sprachliche Erläuterungen

Don/Dom (Titel): Die portugiesische Form „Dom" fand Schiller bei Saint-Réal; Wieland bemerkte in einem Gutachten zum Stück, es müsse spanisch „Don" heißen. Beides war der Titel für hohe Adlige in Spanien und Portugal, aber auch für einflussreiche und wohlhabende Herren (lat. dominus = Herr).
Infant (Titel): Vom lat. infans = Kind; in Spanien und Portugal Titel für die königlichen Prinzen, Infantin für die Prinzessinnen. In Spanien erhielt der Thronfolger den Titel eines Infanten (Prinzen) von Asturien.
Ein dramatisches Gedicht (Untertitel): Dichtung in Versen. Der konkrete Anlass für diese Gattungsbezeichnung war Lessings *Nathan der Weise* (1779), den sein Dichter als „dramatisches Gedicht" bezeichnet hatte. So nannte Schiller das Stück erst in der endgültigen Fassung 1805. Im ersten Plan, dem *Bauerbacher Entwurf* 1783, stand „Trauerspiel", auch 1787 nannte Schiller es „Trauerspiel" (Rigaer Bühnenfassung).
Personen (S. 3): Sie werden im Folgenden in Auswahl vorgestellt, unwichtige Personen, deren Bedeutung nicht über die im Personenverzeichnis ausgewiesene Funktion (z. B. Graf von Lerma, Oberster der Leibwache) hinausgeht, werden nicht genannt, können aber in der Nationalausgabe (NA 7 II, 358 ff.) nachgeschlagen werden.
Philipp der Zweite, Elisabeth von Valois, Don (Dom) Karlos (S. 3): s. auch Kapitel 2.4 Personenkonstellation: Philipp II. (1527–1598) wurde bereits zu Lebzeiten zu einem legendären Herrscher, dessen Ruhm sich auch auf seine Ehefrauen (Maria von Portugal, Maria von Schottland, Elisabeth (Isabel) de Valois, Anna von Österreich[42]) und den Sohn Karlos (aus erster Ehe) auswirkte. Philipp wurde wegen seines rigorosen Kampfes für die katholische Kirche, gegen Andersgläu-

42 Anna von Österreich war nach Elisabeth von Valois ebenfalls dem Infanten Karlos als Frau versprochen worden; nach Elisabeths Tod 1568 heiratete Philipp II. sie, sodass „also dieser König durch eine Art von Schicksal beide Prinzessinnen heiratete, die seinem Sohn bestimmt waren", merkte Schiller im *Thalia-Fragment* 1786 an (NA 6, 466).

bige wie die niederländischen Protestanten und gegen die Engländer bekannt. Seine Misserfolge – der größte war der Untergang der spanischen Armada (1588) – schienen seine dämonische Ausstrahlung zu verstärken. Mit der Beziehung Philipp – Karlos entstand ein typischer Vater-Sohn-Konflikt, mit dem sich alle anderen Handlungen verknüpften. Don K(C)arlos[43] wird in der Geschichtsschreibung als unterentwickelter, schwächlicher, aber jähzorniger Mensch geschildert, den Philipp von der Thronfolge ausschließen wollte. Da Philipp die Darstellung von Königen auf dem Theater ablehnte, tauchte er erst nach 1600 in spanischen Dramen auf. Die Gestalt Karlos' hatte sich inzwischen in den Beschreibungen geändert und aus dem verwirrten Infanten war ein leidenschaftlich Liebender geworden.

Prinzessin von Eboli (S. 3): Nur wenige biografische Daten übernahm Schiller, einige veränderte er zu seinen Zwecken: Anna de Mendoza (1540–1592) heiratete 1559 den Jugendfreund Philipps II., Ruy Gomez de Silva, der 1572 starb. Die Quellen berichten, dass sie in Hofintrigen Einfluss nahm. Sie soll gleichzeitig die Geliebte Philipps II. und des Staatssekretärs Perez (s. Anm. zu **Domingo**, S. 70) gewesen sein. Bei Schiller steht die Hochzeit mit de Silva noch bevor (435, 1755 f.).

Marquis von Posa (S. 3): Mehrere Gestalten standen Pate. Ein Poza war unter Philipp II. Finanzpräsident. Zu den folgenreichsten Ereignissen in Philipps II. Regierungszeit gehört der Tod von Escovedo, auch als Marquis de Poza bekannt. Er war Sekretär bei Philipps Halbbruder Don Juan d'Austria, wusste um die Intrigen bei Hofe und soll, nach mehreren Quellen, Philipps Frau Elisabeth begehrt haben (NA 7 II, 362). Sein Mörder, Antonio Perez, erfüllte des Königs Auftrag. Perez hatte mit der Prinzessin Eboli ein Verhältnis (NA 7 II, 361), auch der König begehrte die Eboli und so beseitigte Perez mit Escovedo einen Mitwisser. Auch Saint-Réals Schilderung des Egmont, der vor gekrönten Häuptern seine Freimütigkeit nicht aufgegeben habe, scheint Einfluss auf den Schiller'schen Posa gehabt zu haben.

---

43 Der Name „Karlos" korrespondierte mit „Karl", wie Schiller ebenfalls schrieb. An anderer Stelle und in Bühnenbearbeitungen schrieb er auch „Carlos". Siehe dazu auch Fußnote 1 dieses Bandes.

Malteserritter (S. 3): Angehöriger des Johanniterordens, der von 1530 bis 1798 in Malta residierte, das dem Orden von Karl V. als Lehen übergeben wurde mit dem Auftrag, ständig gegen die Ungläubigen zu kämpfen. Es ist der älteste geistliche Ritterorden, die Anfänge reichen bis ins 6. Jahrhundert zurück, der sich der Armen- und Krankenpflege widmete und bis zur Französischen Revolution seine Selbstständigkeit behauptete. Schiller wollte damit Posas „Unabhängigkeit von außen" erhalten, um seine „spekulative Schwärmerei", unter anderem für „republikanische Tugend", reifen zu lassen (2. *Brief über Don Karlos*, NA 22, 141).
Herzog von Alba (S. 3): einflussreichster Politiker am Hofe Philipps II., aber auch schon unter dessen Vater Karl V. Mehrere Quellen beschreiben ihn als eitel, vermessen, unbarmherzig, grausam, verschlagen und kriegskundig.
Herzog von Feria, Ritter des Vlieses (S. 3): In verschiedenen Quellen erwähnt als Philipps Gesandter in London. – Der Ritterorden vom Goldenen Vlies geht zurück auf das goldene Widderfell der Kolchis (Ordenszeichen: durch einen goldenen Ring gezogenes goldenes Widderfell unter einem blau emaillierten goldenen Feuerstein, der von Flammen umgeben ist). Er ist einer der ältesten (gestiftet 1430) und angesehensten weltlichen Ritterorden und seit 1477 mit dem Haus Habsburg verbunden, seit dem spanischen Erbfolgekrieg 1714, in dem der Habsburger Karl VI. Spanien verloren hatte, wurde die Berufung in den Orden sowohl von Österreich als auch von Spanien, allerdings nach unterschiedlichen Prinzipien, vorgenommen. Voraussetzungen für die Verleihung waren alter Geschlechtsadel und Bekenntnis zur katholischen Religion. Seit Philipp II. durften Ritter auch ohne das Bekenntnis zum Katholizismus, also weltlich, und ohne strenge Begrenzung auf die Zahl der Ritter (zuerst 31, dann 52) ernannt werden.
Don Raymond von Taxis (S. 3): Als General der Post in den Quellen erwähnt. Das verzweigte italienische Adelsgeschlecht, ab 1650 Thurn und Taxis, machte sich in Europa um die Organisation der Post verdient, denn ihnen unterstand seit dem 15. Jahrhundert das Postwesen der Habsburger. Bei Schiller ist er ein Freund Karlos' und warnt ihn (2466 ff.).

Domingo (S. 3): Der ehemalige Inquisitor findet sich in der von Schiller gewählten Gestalt in den Quellen nicht, dafür wird dort von einem „berüchtigten Bösewicht" namens Dominique gesprochen (Schiller, Berliner Ausgabe, Bd. 3, S. 895). Dass Schiller den Dominikaner als Beichtvater bezeichnet, entspricht dem ursprünglichen Vorhaben des Dichters, die Unmenschlichkeiten der Inquisition wie Folter, Hinrichtungen und barbarische Haft zu entlarven, denn Beichtväter waren meist Franziskaner oder Augustiner, die Inquisition aber unterstand den Dominikanern. Die Macht Domingos gründet sich auf seine Nähe zum König. Im *Thalia-Fragment* 1785 sieht Karlos in ihm den „Teufel" in der „fürchterlichen Ordenskutte" (der Inquisition), einen Henker und Frauenschänder, einen „Schlächterhund des heiligen Gerichts" (NA 6, 357 f.; die Dominikaner führten im Wappen einen Hund mit brennender Fackel im Maul). – Manche Bühnenfassungen ersetzten wegen der Zensur Domingo (NA 7 I, 233) durch den intriganten Staatssekretär Perez (s. S. 68).
Der Großinquisitor des Königreichs (S. 3): In den Quellen fand Schiller den Namen des damaligen „grand-inquisiteur" (Mercier, NA 7 II, 364) Kardinal Spinola (auch: Espinosa) und verwendete ihn in den *Thalia-Fragmenten* 1786 (NA 6, 407). Dass er auf den Namen bewusst verzichtete, weist den Großinquisitor als Typ aus, entsprechend Schillers Vorhaben, die Inquisition an den Pranger zu stellen. Schiller wollte den Großinquisitor gespielt haben von einem Schauspieler, den keiner kennt, schrieb er am 4. Juli 1787 an Friedrich Ludwig Schröder, als dieser die Gestalt wegen der Zensur weglassen wollte und Schiller sich für ihren Erhalt einsetzte (NA 7 II, 34 f.).
Der Prior eines Kartäuserklosters (S. 3): Prior = Klosteroberer; die Kartäuser, ein Schweigeorden, verpflichten sich zu völligem Redeverzicht, Fasten und Einsamkeit, sind aber gastfreundlich und wohltätig. Sie treffen sich nur zu den gemeinsamen Mahlzeiten und den gottesdienstlichen Aufgaben. Schon bei Leisewitz spielten die Kartäuser eine vergleichbare Rolle (s. S. 26).
Aranjuez (1, 394): Stadt und berühmte Frühlings- und Sommerresidenz, 47 km südlich von Madrid. Philipp II. begann 1560 den Bau. Der

freizügige Sommersitz, bestimmt von „eine(r) einfachen ländliche(n) Gegend" (vor 316), dem „Landhaus der Königin" (vor 316), „Rosen" (415) und „Alleen" (vor 1, nach 315), steht im Gegensatz zum wuchtigen, drohend wirkenden königlichen Schloss in Madrid. Aranjuez erscheint paradiesähnlich (schöne Tage, der Himmel erfüllt Wünsche), voller „Stille" und in „ungezwungne(r) Sitte" (367 f.), das Schloss bösartig teuflisch (1015 ff.).

Toledos Mauern (11): In Toledo, der Hauptstadt von Kastilien, huldigten 1560 Stände und Granden, das waren Angehörige des spanischen Hochadels, dem Thronfolger Karlos.

Sechs Königreiche (15): Die Angaben sind unterschiedlich, aber Spanien beherrschte auch Jerusalem, beide Sizilien, Sardinien, Majorca (Mallorca), Minorca (Menorca) und West-Indien.

Acht Monde (23, 291): Vor acht Monaten, im September 1567, wurde Karlos von der Universität Alkala (Alcalá-de-Henares, die berühmteste Universität des Landes; 174) an den Hof zurückgerufen. Karlos' Studium war eine Verbannung vom Hofe, nachdem er sich kritisch über die Inquisition geäußert hatte (NA 7 II, 371).

Mutter, Mütter, meine neue Mutter (27 ff.): Karlos' Reaktion auf Domingos Erwähnung der Mutter und der Umgang mit dem Wort „Mutter" lassen einen Konflikt ahnen, die Distanz zum Vater wird deutlich, Familiengefühle werden negiert. Die Mütter, der Plural verstärkt den Konflikt, verbinden sich mit „Unglück".

Saragossa (54): Hauptstadt des ehemaligen Königreichs Aragonien und der Provinz Saragossa; 27 v. d. Z. römische Kolonie (Caesaraugusta). Der historische, von Schiller verwendete Vorgang spielte sich während der formellen Verlobung 1559 Elisabeths und Philipps II. am Hofe Heinrichs II. von Frankreich, Elisabeths Vater, ab (373), der dabei tödlich verwundet wurde. Da die Braut noch zu jung für die Ehe war, nahm Philipp nicht an der Feier teil, es gab nur eine Zeremonie, bei der Alba Philipp vertrat. Schiller verlegt dieses Ereignis um etwa acht Jahre vor und überträgt es auf Philipp II., den er nur verletzt sein lässt, und die Königin Elisabeth, die sich mehr um Karlos als um Philipp sorgt.

Purpur (81): Farbe der Kardinalswürde; der katholische König von Spanien konnte beim Papst eine solche Erhöhung erreichen. Karlos spricht vom „ersten Purpur", da Philipps Vorgänger Karl V. Kaiser des Heiligen Römischen Reiches Deutscher Nation war und in *diesem* Amte Kardinäle vorschlug. Karlos gibt Domingo sogar, wenn auch voller Ironie, eine Chance als Papst („auf Peters Stuhle", 104).
Roderich (129): Posa heißt Rodrigo; der Name wird erst später in Roderich geändert. Der Grund dafür ist vermutlich der jambische Vers, der *Ro* – de – *rich* betont werden muss; mit Ro – *dri* – go wäre das kaum möglich bzw. lächerlich.
Brüssel (139): Karl V. hatte die Stadt zur Hauptstadt der Niederlande gemacht; unter Philipp II. wurde es der Hauptschauplatz der niederländischen Aufstände gegen Spanien. Hier wurde 1566 der Geusenbund geschlossen; die Inquisition und Herzog Alba wüteten grausam in der Stadt. Goethes *Egmont* spielt 1567 in Brüssel.
Allgütigste (143): Karlos dankt, wie es scheint, der Gottesmutter dafür, dass sie ihm Posa wie einen Engel geschickt habe. Der Dank trifft jedoch deutlicher auf die Königin Elisabeth zu, bei der Karlos' Gedanken unentwegt sind. Posa überbringt der Französin Briefe von ihrer Mutter aus Frankreich (503 ff.) und Botschaften aus Flandern. In Posas Parabel wird Elisabeth als „Engel" bezeichnet (594 f.).
Ein unterdrücktes Heldenvolk (154): Die niederländischen Provinzen gehörten zu den wirtschaftlich stärksten Regionen Europas. Sie standen unter habsburgischer Herrschaft und fielen durch die Teilung der Länder Karls V. 1555 an Spanien und wurden eine wichtige Steuerquelle. Nachdem sich große Teile der Bevölkerung der Reformation angeschlossen hatten (693), begann 1566 der Unabhängigkeitskampf des Adels (Oranien, Egmont u. a.), der vom Bürgertum unterstützt wurde. Das spanische Militär wurde angegriffen, die Bilder in katholischen Kirchen gestürmt und wirtschaftliche Selbstständigkeit gefordert. Herzog Alba sollte diese Bewegung mit militärischer Macht niederschlagen. Zu diesem historischen Zeitpunkt, im April 1568, setzt das Stück ein.

Abgeordneter der ganzen Menschheit (157): Durch die nie ganz beseitigte ständische Verfassung war das Bürgertum erstarkt, die Leibeigenschaft war abgeschafft und der Adel ging ganz bürgerlich zur Warenproduktion über. Insofern stellten die Niederlande zu diesem Zeitpunkt den fortschrittlichsten Teil der Menschheit dar, zumal sie als See- und Handelsmacht einen Weltruf hatten. Posa entwickelt vor Philipp diesen Gedanken von einer ganzen Menschheit weiter (3195 ff.).
Kaiser Karls glorwürd'gem Enkel (164): Karl V. hatte die Niederlande gefördert und sich deshalb auch den Zorn des spanischen Adels und das Misstrauen der Inquisition zugezogen. Karlos hatte eine enge Beziehung zu seinem Großvater Karl, bei dem er sich häufig längere Zeit aufhielt und der auf seine Erziehung Einfluss nahm. Deshalb erwarteten die Niederländer von Karlos „Menschlichkeit" (167), besondere Fürsorge und die Verteidigung gegen die Ansprüche Philipps II., der durch Alba spanische Gesetzmäßigkeit in den Provinzen durchsetzen wollte.
eines neuen goldnen Alters (176): Das Goldene Zeitalter stammt aus der Sage und beschreibt eine Zeit, in der die Erde allen gehörte, es wurde alles für ein heiteres Leben erwirtschaftet, Laster und zerstörerische Leidenschaften gab es nicht. Die Griechen und Römer sahen es unter der Herrschaft von Kronos; danach verschlechterte sich die Welt im silbernen, ehernen, heroischen und eisernen Zeitalter. Das Goldene Zeitalter korrespondiert mit dem christlichen Paradies.
Du einz'ger Freund (182): Die Freundschaft zwischen Karlos und Posa wurde im *Thalia-Fragment* betont und bekam zeittypische empfindsam-schwärmerische Züge. In den weiteren Bearbeitungen wurde das Thema zurückgenommen.[44] Es spielte in poetischen und philosophischen Schriften Schillers (Gedicht *Die Freundschaft*, 1782; *Philosophische Briefe*, 1786 u. a.) zur gleichen Zeit eine Rolle. Mit dem Freund Körner und anderen wurde das Thema in Briefen ausführlich erörtert. Trotzdem wehrte sich Schiller im 3. *Brief über Don Karlos* gegen die Beurteilung des Dramas unter diesem Aspekt, denn er habe für das

44 Im *Thalia-Fragment* weint Karlos z. B., „an Rodrigos Busen sich lehnend", an Posas „Herzen blut'ge Tränen (NA 6, 364). In der Endfassung sind davon nur „heiße Tränen" geblieben (181).

Thema „Freundschaft" ein zukünftiges Werk vorgesehen. Freundschaft zwischen Karlos und Posa sei nur bedingt als „Jugendfreundschaft" möglich gewesen, denn danach sei Freundschaft schon durch die fehlende Gleichheit der Herkunft unmöglich geworden. Nur eine „akademische Freundschaft" (NA 22, 144) sei entstanden, die Posa als Spiegel benutzte; er sah „in diesem schönen Spiegel sich selbst und freute sich seines Bildes".

Königin von Böhmen (236): Maria, Schwester Philipps II., verheiratet mit Maximilian II., seit 1562 König von Böhmen, seit 1564 deutscher Kaiser.

Ordnung der Natur und Roms Gesetze (277): Die Ordnung der Natur gilt nicht, denn es handelt sich nicht um die leibliche Mutter, die Liebe führt also nicht zum Inzest; die Gesetze der katholischen Kirche (Rom) dagegen verbieten eine Beziehung zur Frau des Vaters. Gleichzeitig konfrontiert Karlos das Naturrecht mit dem normierten Recht der katholischen Kirche und bewegt sich auf die gleiche Argumentation zu, die auch die Königin benutzt (vgl. S. 85 Natur und Kunst).

Furien (347): Die den griechischen Erinnyen entsprechenden römischen Rachegöttinnen. Die Erinnyen (römisch: Furien) Al(l)ekto, Tisiphone und Megaira sind Schicksalsgöttinnen und Töchter der Nacht. Sie wurden als Kinder des Uranos von der Erde verbannt, nachdem sie aus den Blutstropfen entstanden waren, die flossen, als Kronos mit einer steinernen Sichel Uranos entmannte. Auch einige Nymphen entstanden aus diesem Blut.

labyrinthische Sophismen (350): verwirrende Scheinbeweise, irritierende Spitzfindigkeiten. In seiner Rede *Die Schaubühne als eine moralische Anstalt betrachtet* bietet Schiller Beispiele, wie Kunst den Menschen befähige, Schicksale zu ertragen und Bedrängnisse zu erkennen. So entfliege dem geängstigten Franz Moor in Schillers *Räubern* im Angesicht des Todes „seine treulose sophistische Weisheit" (NA 3, 222).

gähem (352): Der steile (jähe) Rand des Abgrunds, heute noch mundartlich als „gählings" (süddt., fränkisch) = plötzlich. Schiller verwendete das Wort im *Wilhelm Tell* und im *Fiesco*.

Mondekar (379): Die Marquisin von M. könnte auf den Namen des Marquis von M. zurückgehen, den eine Quelle (Watson) erwähnt. Allerdings las Schiller diese Quellen vermutlich erst nach den *Thalia-Fragmenten* (NA 6, 346), in denen die Marquisin schon genannt wird. Der Sohn der M. ist Karlos' Page, sie selbst eine Vertraute der Königin.
la Trappe (405): Es ist der Name eines Zisterzienserklosters, benannt nach dem engen Eingang in das Tal La Trappe („Falltür"). Nach dem Verfall bis 1636 wurde das Kloster streng benediktinisch reformiert und erhielt harte Regeln. Die Trappisten arbeiten auf dem Felde, an der Herstellung ihrer Gräber und schlafen auf Stroh oder in Särgen, das alles bei vollständigem Schweigen.
Autodafé (418): „Akt des Glaubens", öffentlich vorgeführtes Glaubensurteil. Die öffentliche Verbrennung so genannter Ketzer durch die Inquisition wurde wie eine Volksbelustigung behandelt. Das hier genannte Autodafé stand in den *Thalia-Fragmenten* 1786 am Beginn des 2. Aktes, wurde aber als Szene nicht ausgearbeitet (NA 6, 407). Die Königin war während der „Glaubenshandlung" ohnmächtig geworden.
Gomez (435, 1755): Rui Gomez de Silva, Prinz von Eboli, war Hofmeister Karlos'. Zu der Zeit war er bereits mit der Eboli verheiratet, die mit ihm zehn Kinder hatte. Im Stück soll die Eboli zwangsweise mit ihm verheiratet werden („der Kreatur verkauft", 1757).
Mirandola u. a. (553): Stadt in Oberitalien in der Nähe Modenas. – Gegen den dort geborenen Giovanni Pico, Graf von Mirandola, setzte die Inquisition einen Prozess an, weil er eine Versöhnung zwischen Philosophie und Religion anstrebte, wobei er in der Philosophie zuvor Plato und Aristoteles verschmelzen wollte. – Ghibellinen unterstützten im mittelalterlichen Italien die staufische (kaiserliche) Partei, Guelfen (Welfen) standen aufseiten des Papstes. – In einer Geschichte erzählt Posa verfremdet von der Spannung zwischen Geist und Macht, Frankreich und Spanien und der Beziehung Elisabeths, Philipps und Karlos'; mehrere literarische Vorbilder lassen sich erkennen: das Dekameron, Shakespeare, Lessings Ringparabel, die auch in anderen Versen anklingt (552 entspricht Lessings *Nathan der Weise*, V. 1207 f.) u. a.

Eskurial (740): El Escorial, Schloss, Kloster und Begräbnisstätte der spanischen Könige, ca. 50 km nordwestlich von Madrid. Von Karl V. geplant, wurde es unter Philipp II. 1563–1584 gebaut, Karl V. fand darin seine Totenruhe („die Mumie des Toten", 739). Geweiht wurde der Palast dem Hl. Laurentius (San Lorenzo) und deshalb im Grundriss wie ein rechteckiger Gitterrost angelegt. In der Kirche kniet im Grabdenkmal Philipps II. der König mit seinen Frauen Maria von Portugal, Isabella von Valois und Anna von Österreich sowie Don Karlos.
Die Sonne geht in meinem Staat nicht unter (862): Die Habsburger regierten in Österreich, Spanien und anderen europäischen Gebieten (z. B. den Niederlanden); in ihrem Reich ging die Sonne nicht unter, da die überseeischen Provinzen Spaniens dazugehörten (große Teile Nord-, das gesamte Mittel- und die Hälfte Südamerikas; die Philippinen). Mehrere literarische Zeugnisse aus dieser Zeit beschrieben diese Tatsache, ehe Schiller sie Philipp II. in den Mund legte.
Trotz des Bürgers (968): Im *Thalia-Fragment* heißt es „Stolz des Bürgers" (NA 6, 59). Posa ist ein Adliger, „Bürger" im Sinne des Staatsbürgers. Aber „Bürger" enthält auch den neuen Selbstwert, den der Sturm und Drang entwickelte. Der Begriff des „Bürgers" war Absage an den Absolutismus und Zustimmung zu einem republikanischen Lebensgefühl. Im Vorwort zu den *Thalia-Fragmenten* hatte Schiller diesen Gegensatz benannt und „zwei höchst verschiedne Jahrhunderte" gesehen (NA 6, 345), Karlos will die „Gleichheit" mit Posa (1008).
den Zudringlichen (1032 ff.): Mit Beginn des 2. Aktes wird das königliche Schloss in Madrid den paradiesisch anmutenden Gärten von Aranjuez (1. Akt) entgegengestellt. Alba bekommt teuflische Züge zugeordnet: Er steht mit „bedecktem Haupt" (vor 1015), damit dem König ebenbürtig, schweigend und die Szene samt König beherrschend. Karlos beschreibt ihn als Teufel, der sich „unberufen" zwischen die Menschen drängt, der „in seines Nichts durchbohrendem Gefühle / So dazustehen sich verdammt"[45]; Karlos möchte so etwas „bei Gott" nicht spielen. Alba sieht sich göttlich; er bezeichnet sich als Flammenengel

45 Den schwer verständlichen Vers erklärt die Nationalausgabe: „im durchbohrenden Gefühl seines Nichts". Alba ist so getroffen, dass er gegenüber Karlos mit den gleichen Worten kontert (1390 f.).

(Cherub, 881) oder als richtenden Gott auf Erden (1430), der König nennt ihn einen „Teufel" (3810).

Ich fühle mich (1104): Die Formulierung entspricht dem Lebensgefühl des Sturm und Drangs; man bekennt sich zu seinen Gefühlen und kann über sie reflektieren, ist sich ihrer bewusst. Schiller fand den Satz in Leisewitz' *Julius von Tarent* und lässt ihn Karlos sprechen, der nach der Verpflichtung Elisabeth gegenüber mit Gefühl und geistiger Kraft die große Tat sucht, den Einsatz in Flandern.

Saint Quentin (1274): Sieg eines spanisch-niederländischen Heeres unter Graf Egmont über die Franzosen 1557. Philipp dankte Egmont für diesen Sieg mit ungewohnter Freundlichkeit. Als Egmont den Unabhängigkeitskampf der Niederländer unterstützte, ließ ihn Philipp 1568 verhaften und hinrichten (Thema von Goethes *Egmont*).

Die Reise / Geht über Mailand ... Deutschland (1381 ff.): Das spanische Heer muss Frankreich – die Spannung zwischen beiden Ländern war traditionell und bedeutete für Philipp eine der großen außenpolitischen Belastungen – umgehen. Es werden die Reisestationen genannt, auf denen neue Truppen geworben werden sollen, die aber andererseits auch auf Albas Blutspur weisen. Im Schmalkaldischen Krieg (1546–47) hatte sich Alba mit den kaiserlichen Truppen in Deutschland besonders grausam aufgeführt („Recht, in Deutschland war es! / Da kennt man Sie!" 1383 f.). Nach dem Sieg Karls V. bei Mühlberg an der Elbe 1557 schlug Alba nach der Einnahme Wittenbergs vor, Luthers Gebeine auszugraben und zu verbrennen. Karl V. lehnte ab: „Ich führe ... mit den Lebenden Krieg, nicht mit den Toten."[46]

idealischen Geschmack (vor 1464): Die Eboli zeigt sich nach eigenem Geschmack gekleidet, nicht in der offiziellen Hoftracht, aber auch nicht in einer sonst üblichen alltäglichen Kleidung. Die Szene lässt eine verführerische Kleidung ahnen.

Gott! / Wo bin ich? (1537 f.): Karlos glaubt an eine Verwechslung, dabei scheint der Plan der Eboli aufzugehen. Derartige Inszenierungen kannte Schiller aus Wielands Werken; sowohl im *Oberon* als auch im *Agathon* gibt es entsprechende Szenen.

46 Stacke [u. a.], S. 89 f.

Handelsmann i(m) Süden (1759): Mercier bezeichnet Philipp im Vorwort zu seinem Porträt nach einer Formel Voltaires (Démon du midi) als „Dämon in Süden"; Schiller veröffentlichte das Vorwort (*Précis historique*) im 2. *Thalia*-Heft. Mercier begründete seine Bezeichnung damit, dass Philipp II. „mehr damit beschäftigt (war), den Samen von Unruhen und Streitigkeiten in ganz Europa auszustreuen, als diese selbst zu benutzen" (NA 7 II, 307). Die Bezeichnung zielt auf die Kommerzialisierung der Gefühle bei Philipp, der auch Elisabeth aus dynastischen Gründen geheiratet hatte. Die Eboli bestätigt, dass am Hofe Philipps II. die Liebe zur Ware geworden sei (1770).
des Rialto Gold (1778): Gemeint ist nicht die berühmte Brücke in Venedig, die es zu Philipps Zeiten noch nicht gab, sondern die Hauptinsel des Stadtgebietes, auf der reiche Kaufleute wohnten.
für eine neue Tugend (2020 ff.): Domingo unterstellt Karlos einen Glauben, den er zu Philipps Zeit nicht haben konnte. Es ist die Vernunft- und Naturreligion Rousseaus, deren Tugend darin besteht, den Menschen um seiner selbst willen und nicht als Geschöpf Gottes zu verehren. Das Denken kennzeichnet das Selbstwertgefühl und ist weitgehend autonom, also unabhängig von jeglicher Religion. Das Ziel ist der „aufgeklärte" Fürst. Deshalb wiederholen sich diese Ideen in Posas Argumentation vor Philipp (3. Akt, 10. Auftritt). Karlos und Posa verbindet diese neue („hohe") Tugend (2462). – Die Tugend Philipps ist eine aus Staatsräson angewiesene: „Der Wille des Monarchen / Verleiht die Tugend wie das Glück" (2711 f.).
Gift der Neuerer (2042): In Philipps II. Regierungszeit machte man seinem verstorbenen Vater Karl V. den Vorwurf, dem „Geist der Neuerer"[47] verfallen gewesen zu sein; er sollte mit deutschen Protestanten Verbindung gehabt, als Beichtväter Ketzer gewählt und in seinem Testament keine frommen Stiftungen bedacht haben.
Lilien / Von Valois (2070 f.): Von 1179 bis 1789 schmückte die heraldische Lilie, auch Francica genannt, das Wappen der französischen Könige; Elisabeth war die Tochter Heinrichs II. von Frankreich.

47 Helbing, S. 165

Kartäuserkloster (vor 2221): Das Kloster des Schweigeordens („weitab von der Straße", 2226) signalisiert, dass auch die Freundschaft zwischen Karlos und Posa niemandem bekannt ist und sie in den Intrigen Domingos, Albas und der Eboli keine Rolle spielen kann.
Briefe nach Brabant (2467 f.): Dieser Vers ist für die Dramaturgie des Stückes eine wichtige Mitteilung. Durch Karlos weiß Posa, dass er auf diesem Wege den König indirekt informieren kann. Er versucht schließlich, Karlos so zu retten (4. Akt, 22. Auftritt): Posa gibt sich so auffällig, dass er entdeckt werden muss. Damit erscheint er schuldig, kann aber Karlos eine Frist zur Flucht verschaffen. Ohne diesen frühen Hinweis bleiben die Entwicklungen im 4. und 5. Akt unverständlich.
Eines Mannes Spur im Sande (2614): Die von Alba beschriebene Szene erinnert bis in Details an die Flucht Cherubinos aus dem Zimmer der Gräfin und die Enthüllung durch den Gärtner im 2. Akt von Mozarts *Die Hochzeit des Figaro* (Uraufführung: 1. Mai 1786). Auch die Erkenntnis Philipps, der Betrogene zu sein (2623 ff.), entspricht der Haltung des Grafen Almaviva. Es wird deutlich, wie Grundsituationen sowohl in der komischen Oper als auch in der Tragödie verwendet werden können.
Wunder (2750): Philipp erkennt, dass für Domingo Wahrheit und Lüge je nach Bedarf austauschbar sind, dass die Inquisition und die katholische Kirche Gerücht und Wahrheit gleichstellen und zu ihrem Bedarf manipulieren.
Ich bin der Bogen (2771): Das Bild von Pfeil und Bogen, die andere bedienen, findet sich mehrfach bei Schiller, so auch am Ende des *Wallenstein* (*Wallensteins Tod*), als Buttler, Wallensteins Mörder, sich als Pfeil bezeichnet, den Octavio Piccolomini abgeschossen habe.
Egmont (2836): Graf Egmonts (1522–1568) Sieg bei Quentin 1557 (Anmerkung zu 1274) ist vergessen, er war seit 1541 Feldherr in spanischen Diensten. 1558 hatte er zum Sieg der Spanier über die Franzosen bei Gravelingen beigetragen. Nun, nachdem er 1565 in Madrid die Einberufung der Generalstände gefordert hatte, die eine Reformierung der niederländischen Verwaltung durch Spanien durchführen sollten,

und nachdem er 1568 an der Seite der niederländischen Aufständischen steht, wird Egmont zu den Toten geschrieben.

Ich verlor ihm eine Flotte (2861): Der Herzog von Medina Sidonia (1550–1615), Alonso Perez de Gusman, kommandierte die Armada, hatte aber im Seekrieg wenig Erfahrung. So verlor er durch Angriffe der Engländer und durch Klippen und Sturm 70 Gallionen (die stärksten Segelkriegsschiffe); die Vormacht der Spanier als Seemacht war seither gebrochen. Schiller verlegte den Untergang der Armada von 1588 ins Jahr 1568, um Philipps Scheitern in Familie und Politik zu illustrieren.

des Ordens / Von Calatrava (2872 f.): Der 1163 gegründete Orden wurde nach dem Schloss Calatrava benannt. Die Ritterstellen waren die wichtigsten und reichsten Ehrenstellen für einen spanischen Edelmann. Seit 1523 waren die Könige Großmeister, konnten aber den Titel übertragen; Philipp belehnt Alba und stellt damit das alte Vertrauensverhältnis wieder her, macht aber gleichzeitig seine Stellung gegenüber den Granden deutlich.

Soliman u. a. (2902 ff.): Malta (seit 1522 Sitz des Malteserordens) wurde 1565 vorübergehend von den Türken erobert. Der türkische Sultan Suleiman II. (1495–1566) beherrschte durch seine Admirale Piali und Mustapha, unterstützt von Seeräubern wie Ulucciali und Hassem, das Mittelmeer, la Valette hatte als Großmeister des Malteserordens die Ordensritter aus Europa zur Verteidigung gerufen. Am 30. Juli 1565 nahmen die Türken die Festung Sankt Elmo ein. Im September wurden die Türken durch spanische Truppen vertrieben (vgl. Schillers Fragment *Die Malteser*, S. 23 f.).

Verschwörung / In Catalonien (2921): Die Quellen berichten von einer Adelsverschwörung 1559 in Kastilien; der Adel wollte seine Rechte gegen den König behaupten, scheiterte aber, festigte dadurch die Macht des Königs und unterwarf die Granden völlig der Krone. In Katalonien hatte es zuletzt 1462 eine Verschwörung gegeben.

Sein oder nicht – / Gleichviel! (2973 f.): Die Wendung erinnert an Hamlets berühmten Satz aus dem Monolog im 3. Akt, 1. Auftritt: „To be or not to be: that is the question." (Sein oder Nichtsein, das ist hier die Frage.), aber im Gegensatz zum zweifelnden Hamlet entschließt sich Posa mit diesem Satz zum Handeln, das allerdings ebenfalls Sieg oder Niederlage bringen kann. Auch andere szenische Einfälle verweisen auf *Hamlet* (so der Vorschlag, Karlos solle als Gespenst erscheinen).

in Monarchieen darf / Ich niemand lieben als mich selbst (3038 f.): Die Absage an die Monarchie folgt Ideen Charles de Montesquieus (*De l'esprit des lois* [*Vom Geist der Gesetze*] 1748), der im 3. Buch, 5. und 6. Kapitel geschrieben hatte: „In den Monarchien lässt die Politik die wichtigen Sachen mit so wenig Tugend, als sie nur kann, bewerkstelligen ... Der Staat besteht ohne Liebe zum Vaterlande, ohne Verlangen nach wahrhafter Ehre, ohne Entsagung seiner selbst ...". Schiller übertrug die von ihm anerkannten Ideen Montesquieus auf Posa, der für Gesetze eintritt, die auf Menschenrechte statt auf feudale Willkür gegründet sind.

Gemälde (3081): Posa entwirft das „Gemälde" einer idealen Zukunft, in der „Bürgerglück" und „Fürstengröße" versöhnt miteinander „wandeln" (3152 ff.), nachdem er zuvor im Kabinett des Königs „in ruhiger Betrachtung vor einem Gemälde", einem königlichen, gestanden hat (nach 2974). Mit „Gemälde" bezeichnete Schiller gesellschaftliche Ausschnitte, so vereinigte er bürgerliches Trauerspiel („Familiengemälde") und politischen Inhalt („aus königlichem Hause") bei der Beschreibung des *Don Karlos* (NA 6, 495), nachdem er zuvor schon dem Intendanten Dalberg vom „Familiengemälde in einem fürstlichen Hause" geschrieben hatte (NA 7 II, 16).

Elisabeth (3175): Elisabeth I. (1533–1603), seit 1558 Königin von England, setzte sich als Politikerin meisterhaft gegen männliche Macht durch. Sie verfolgte gnadenlos die Katholiken, der Papst schleuderte den Kirchenbann gegen sie und 1568, im Jahr, in dem Schillers *Don Karlos* handelt, nahm sie Maria Stuart gefangen.

Grenada (3178): Granada steht hier für ganz Spanien; es war unter arabischer Herrschaft (8.–15. Jahrhundert) zum Sinnbild ökonomischer und geistiger Blüte geworden. Nun haben Tausende protestantische Niederländer („neue... Christen", 3178) sich der spanischen Herrschaft entzogen und ihre Kenntnisse nach England gebracht.

seinen Feind / … sich verbluten (3179 ff.): Posa wendet einen Gedanken Rousseaus aus dem 18. Jahrhundert völlig unhistorisch auf das Spanien Philipps II. des 16. Jahrhunderts an. Rousseau hatte im *Gesellschaftsvertrag* (3. Buch, 9. Kapitel) erklärt, dass die Zunahme der Bevölkerung eines Landes „ohne fremde Mittel, ohne Naturalisation und ohne Kolonien" zu den wichtigsten „Kennzeichen einer guten Regierung" gehöre, während die „schlechteste" dadurch auffalle, dass unter ihrer Herrschaft ein Volk dezimiert werde.
Nero und Busiris (3191, 3274): Claudius Caesar Nero (36–68 n. d. Z.) war ein wegen der grausamen Christenverfolgung berüchtigter römischer Kaiser; Busiris (Buseiris), Sohn des Poseidon, war ein legendärer ägyptischer König, der alle Fremden schlachten ließ und von Herakles erschlagen wurde.
Gedankenfreiheit (3216): Leitbegriff der europäischen Aufklärung (NA 7 II, 332 ff., 434 f.). Die französische *Enzyklopädie* (1751–1772) beschreibt „Denkfreiheit – Liberté de penser": „Die wahre Denkfreiheit schützt den Geist vor Vorurteilen und Voreiligkeit." Sie erkenne nur an, was wahrscheinlich sei, und lehne Wunder ab. Vor allem sammle sie alle Kräfte „gegen die Vorurteile, die uns die Erziehung in unserer Jugend in Bezug auf die Religion annehmen ließ."[48] Gedanken- oder Denkfreiheit wurde von der Aufklärung als ein ursprüngliches Recht der Menschheit verstanden; bei der Umsetzung erschien Preußen als ein Land, in dem aufklärerische Ideen bis hin zur Religionsfreiheit umgesetzt werden konnten, und Friedrich II. mit seinem tolerant wirkenden Verhalten, das aber nicht bis in die Gesetze vordrang, als Verkörperung des aufgeklärten Herrschers. Vor Schiller verwendeten den Begriff Wieland, Herder, Nicolai, Goeckingk und Johannes Kern (*Briefe über die Denk-, Glaubens-, Red- und Pressfreiheit*, 1786), Schiller fand ihn auch in seiner Quelle Mercier (2. *Thalia*-Heft 1786: Auszug aus Merciers Vorwort *Précis Historique*; NA 7 II, 434 f.). Für Schiller war Philipp II. in einem anderen Kontext ein Despot, der „die Freiheit des Denkens" zerstört hatte (s. S. 59).

48 Naumann, S. 582 f.

Alle Niederländer stehen / Auf … (3472 f.): Posas Entwürfe lassen auf eine planmäßige Vorbereitung des Aufstandes schließen, zumal er etwas später auf Egmont und Oranien als Partner und auf Karlos' Verbindung zu den Rebellen in Gent (3904) verweist. Ob es Beziehungen zwischen Karlos und den Aufständischen gab, ist unklar: Schillers Quelle Saint-Réal beschreibt sie[49], andere Quellen sprechen nur von Vermutungen.
dem Prinzen Ruy Gomez (3960): Von ihm war schon einmal als Bewerber der Eboli die Rede (435). Tatsächlich hatte die Eboli bereits 1559 den Jugendfreund Philipps II., Ruy Gomez de Silva, Prinz (später: Fürst) von Eboli, geheiratet, der 1572 starb. Er war der Hofmeister Karlos', wohnte mit ihm gemeinsam (NA 7 II, 474) und galt in den Quellen (Saint-Réal) neben Alba als zentrale Figur in der Verschwörung gegen Karlos (vgl. NA 7 II, 478). Das „große Siegel" war Zeichen seines Ranges „Großsiegelbewahrer"; alle Erlasse und Ernennungen des Königs mussten ihm zum Siegeln vorgelegt werden.
Saint Germain (3696): Das zu den schönsten Schlössern in der Umgebung von Paris gehörende Anwesen, eine Festung, wurde unter Heinrich II. zum Lustschloss umgebaut. Heinrich II. – Elisabeth de Valois' Vater –, Karl IX. und Ludwig XIV. wurden hier geboren. Zehn Jahre (1548–58) lebte Maria Stuart in dem Schloss.
Graf / Von Kordua (4104 f.): eingedeutschte Schreibweise von Córdoba: Provinz, Stadt. Saint-Réal nennt einen Don Diego von Cordova.
Noch gibt's ein andres Mittel! (4132): Die Eboli zu ermorden, wäre feig. So kommt Posa, sich erinnernd an Karlos' Hinweis auf die geöffnete Post (2469 ff.), der Einfall, durch eine Intrige sich statt Karlos als Geliebten der Königin bei Philipp zu denunzieren; er startet die Briefaktion (4. Akt, 22. Auftritt), die auch gelingt.
Marienkloster (4199): Tatsächlich steigerte sich nach dem Tod Elisabeths der Einfluss der Eboli, bis sie sich 1573 nach dem Tode ihres Mannes zurückzog. Philipp rief sie jedoch an den Hof zurück, wo sie gleichzeitig mit ihm und dem Staatssekretär Perez ein Verhältnis hatte.

49 Vgl. Midell, S. 132 – Midell geht auch auf die „politisch-historische Dimension des Stoffes" in Bezug auf die „niederländische Opposition" ein.

1579 wurde sie gestürzt, als Philipp von diesem Verhältnis erfuhr. Die Eboli wurde nach Pinto verbannt und durfte erst 1581 in ihren Palast zurück. Hier starb sie 1592.

wie ängstlich, wie verlegen (4414): Die Beschreibung widerspricht Posas Charakter; Posa hat sich absichtlich ängstlich gezeigt, weil er so sicher sein konnte – Karlos hat es ihm früher gesagt (2466 ff.) –, dass der Brief den König erreicht und jeglichen Verdacht, was Flandern und das Verhältnis zur Königin betrifft, von Karlos nimmt.

der Kortes (4455): span.: cortes (Mehrzahl von corte) sind die Vertretung von Geistlichen, Fürsten, der Stände und der Bevollmächtigten des Volkes. Allerdings waren sie von Karl V. weitgehend entmachtet worden. Heute: Parlament.

er wird / Ihn rufen lassen (4461 f.): Die Situation ist gekippt. Bisher hatte Posa die besondere Gunst, „ungemeldet vorgelassen" (3354) zu werden. Jetzt muss er warten und Alba hat wieder den Vortritt.

Brandmal (4747): Karlos spielt auf das Kainszeichen an, das Gott an Kain machte, damit ihn jeder erkenne, nachdem er seinen Bruder erschlagen hatte (1. Mose 4, 15).

nur Einer – Einer (4774): Gemeint ist Christus. Karlos vergleicht Posa mit Christus und Philipp mit dessen Mördern. Posa bekommt messianische Züge und seine Pläne werden zum Jahrhundertvorhaben.

Hieronymitermönch (5126): Einsiedler des Hlg. Hieronymus. Karl V. lebte nach seiner Abdankung 1557 im Hieronymiterkloster San Jeronimo de Vuyate (eines der Hauptklöster des Ordens) in der Provinz Caceres, in dem er auch starb. Die Ordenstracht war ein weißer Rock, schwarze Kapuze und schwarzes Skapulier.

Santa Casa (5157): lat.: Heiliges Haus; hier: Gefängnis und Behörde der Inquisition (vgl. S. 20 f.).

Den Schatten Samuels (5251): Saul lässt den Schatten Samuels beschwören, um eine Weissagung im Kampf gegen die Philister zu erhalten. Samuel verkündet als Strafe für Sauls Ungehorsam gegen Gott den Verlust der Herrschaft Sauls an David (1. Samuel, 28, 3–20). Das bedeutet, dass der Großinquisitor Philipp mit Strafe droht.

2.6 Stil und Sprache

Schillers Sprache, nicht nur die der Dramen, macht dem heutigen Leser Schwierigkeiten. Einer der Gründe, so schrieb ein Kritiker, „liegt in eben jener Drehschwindel erregenden gedanklichen Hochgebirgssprache Schillers, in der die Luft dünn wird."[50] Wo aber ist die Luft dünn? Das Stück wird wesentlich von Abstrakta getragen, die den ethischen Grundforderungen des aufklärerischen und klassischen Denkens entstammen, die das Naturrecht im Gegensatz zur Geschichte wieder erinnern und die sich auch in der Philosophie niederschlagen. Das sind Begriffe wie „Tugend" (762, 836, 958, 1001 usw. bis 4535, 5078, 5308). „Natur" und „Kunst" stehen für den Gegensatz von Freiheit, Ungezwungenheit und Entfaltungsmöglichkeit einerseits und Unterdrückung, Formenzwang und Beschränkung andererseits. Diese Begriffe werden oft wiederholt, um vom Publikum angenommen zu werden. Im *Thalia-Fragment* 1785 eröffnet die Königin das Gespräch mit Posa mit den Worten: „Wie schön ists hier - wie herzlich - wie vertraulich - / hieher - so scheint es - hat sich die *Natur* / vor den Verfolgungen der *Kunst* geflüchtet." (NA 6, 374) In der endgültigen Fassung reduzierte Schiller die offene Konfrontation, weil „Kunst" inzwischen an ästhetischer Bedeutung gewonnen hatte. Erhalten blieb der Gegensatz der „ländliche(n) Natur" (398) und „tot" für Madrid, wo Kunst als Vernichtung geboten wird (Stierkampf, Autodafé; 416 ff.). Den Höhepunkt des philosophischen Diskurses bildet die Szene zwischen Philipp II. und Posa (3. Akt, 10. Szene). Posa wird zum Sprachrohr Schiller'scher Ideen. Wenn er sich „Bürger dieser Welt" (3007) nennt, der kein „Fürstendiener" (3022) sein könne, wiederholt das Schillers Selbstbekenntnis, „Weltbürger (zu sein), der keinem Fürsten dient" (*Ankündigung* der *Rheinischen Thalia* = *Thalia*, 1. Heft 1785; NA 7 II, S. 427 f.):

Abstrakta

50 Wertheimer, S. 29

„Etwas Großes wandelt mich an bei der Vorstellung, keine andere Fessel zu tragen als den Ausspruch der Welt – an keinem andern Thron mehr zu appellieren als an die menschliche Seele ... Losgesprochen von allen Geschäften, über jede Rücksicht hinweggesetzt – ein Bürger des Universums, der jedes Menschengesicht in seine Familie aufnimmt und das Interesse des Ganzen mit Bruderliebe umfasst ...“ (NA 22, 93 ff.).

Posa und Philipp vertreten zwei Gruppen, die sich auch sprachlich gegensätzlich äußern. So entstehen „zwei Reihen“, die sich antithetisch zueinander verhalten, „wobei ihre Differenz als Wertgegensatz hervortritt. Aufbau und Verhältnis der beiden Reihen lassen sich durch ausgewählte Lexeme verdeutlichen:

Tugend, reines Feuer	Laster, erhitztes Blut
Liebe, Freundschaft, Vertrauen	Berechnung, Politik, Argwohn
Mensch, Bürger	Zahl, Untertan
Schöpfer, Sonderling, Werk	Kreatur, Maschine, Amt
Philosoph, Wahrheit	Majestät, des Thrones Größe
Begeisterung, Freiheitssinn, Nationenstolz, Vaterlandslosigkeit	des Staubes Weisheit, Gehorsam,
Gesetz, Gnade, der Christenheit gezeitigte Verwandlung	Blutgericht, Rache, Inquisition
Völkerfrühling, künftige Jahrhunderte	Verwesung, des Jahrhunderts Ende
Glück, Paradies, Schöpfung, Gott	Schrecken, teufelvolle Hölle, nachgeahmte Schöpfung, der Erde Gott.“[51]

51 Hans-Georg Werner: *Vergegenwärtigung von Geschichte in Schillers ‚Dom Karlos‘*. In: Brandt, S. 245 f.

Schwierigkeiten entstehen durch **archaisch gewordene Wörter** wie „scheitelrechter Bahn" (343, senkrechter Bahn), „gebeut" (362, gebieten), „Vergehung" (2834, Vergehen oder Unrecht tun), „Gehülfen" (2814, Gehilfe, damals aber in der Bedeutung des Helfers) und „frommen" (3058, nützen) oder Bedeutungswandel von Wörtern wie „witzig..." (68), das „geistreich, geistvoll" bedeutete, „Merkwürdiges" (535) und „sonderbar" (4034, noch nicht in der Bedeutung „Seltsames") oder „kindisch..." (226), das noch keinen abwertenden Nebensinn hatte. Der Anteil solcher Wörter im Text ist hoch; sie können mit etymologischen Wörterbüchern (Herkunft und Wortgeschichte beschreibend) erschlossen werden. Kompliziert wirken auch die hohe stilistische Vollendung, um die sich Schiller bemühte, und die dazu verwendeten **Wörter mit gehoben pathetischer Stilfärbung**: „um der Hoheit Sonnenscheibe flattern" (2827) in der Bedeutung „sich um den König befinden, bewegen". Die Grenzen der Hochsprache bzw. der Literatursprache werden nicht verlassen; mundartliche oder umgangssprachliche Wörter finden sich nicht. Die pathetischen Wörter und Bilder, die heute oft ungewohnt, manieriert, ja manchmal lächerlich wirken, unterliegen oft einer klanglichen Ordnung, die für Schillers poetische Sprache auffällig ist; Wörter und Bilder sind deshalb nicht ohne Verluste zu ersetzen. Es handelt sich um Lautmalerei, seit Martin Opitz[52] als poetisches Mittel beschrieben, und Vokalwirkung. Während au-, u- und o-Laute dumpf, von unten, auch drohend klingen („harte Vokalfügung" mit „unheimlicher Wirkung" entsteht[53]), werden die a- und ö-Laute als wohltönend verstanden und der i-(ei-)Laut assoziiert Höhe, Helle und Heftigkeit; der e-Laut ist meist bedeutungslos, da er eine Abstumpfung vollklingender Vokale ist („brennen" aus got. brinnan, branjan): „... l**a**ss **u**nter T**au**senden, / Die **u**m der H**o**h**ei**t S**o**nnensch**ei**be fl**a**ttern, / Den **Ei**nz**i**gen m**i**ch f**i**nden." [Hervorhebung nicht im Original] (2826 ff.). Die Verse stammen aus Philipps Gebet, dessen

52 Opitz, S. 27 f.: „Weil ein Buchstabe einen anderen Klang von sich gibt als der andere, soll man sehen, das man diese zum offteren gebrauche, die sich zu der Sache, welche wir für uns haben, am besten schicken."

53 Petsch, S. 433

Charakter durch die Vokale unterstrichen wird: Aus dem Dunklen steigt der Wunsch nach einem Freund zum Licht. Der Vorgang wiederholt sich, als Posa dieser Einzige werden soll: „Wie komm ich aber hieher? – Eigensinn / Des l**au**nenhaften **Zu**falls w**ä**r es n**u**r, / W**a**s m**i**r m**ei**n B**i**ld **in** *diesen* Sp**i**egeln z**ei**gt? / Aus **ei**ner M**i**ll**io**n ger**a**de m**i**ch ..." (2956 ff.). Trotzdem ist die sprachliche Gestaltung nicht so einheitlich pathetisch-ideell, wie es behauptet wird.

Eine weitere Schwierigkeit beim Umgang mit Schillers Dramen besteht darin, von ihm verwendete **anspruchsvolle Begriffe** mit ihren historischen Inhalten zu füllen und sie von der Entwertung, die sie besonders im 20. Jahrhundert erlebt haben, zu befreien. Begriffe wie „Vernunft", „Menschlichkeit", „Freiheit", „Schönheit", „Würde" und „Erziehung" tragen heute kaum noch Inhalte, klingen schön, aber bedeutungslos, verpflichten zu nichts und werden wie Versatzstücke benutzt. Das war zu Schillers Zeit völlig anders. Um seine Werke zu verstehen, müssen diese Begriffe wieder in ihrem historischen Kontext begriffen und ihre Semantik wieder gelernt werden: „Naiv" in Schillers *Über sentimentalische und naive Dichtung* hat nichts mit „unerfahren" oder gar „dumm" zu tun, sondern bezeichnet einen Widerspieglungsvorgang und ein Verhältnis zur Wirklichkeit und „Freiheit" ein Verhalten, bei dem individueller Anspruch und gesellschaftlich-soziale Notwendigkeit übereinstimmen. (Vgl. „Tugend", S. 79; „Gedankenfreiheit", S. 84.)

Es fällt der **Gegensatz zwischen Rede (Monolog, Dialog) und Beschreibung (Regieanmerkungen)** auf. Während der gesprochene Text stilistisch gehoben, pathetisch und ideell angelegt ist, beschreiben die Regieanmerkungen Ausbrüche und Zerstörungen, weisen menschliche Affekte aus: Karlos „fährt mit der Hand über die Stirne" (vor 30), „fängt an heftig zu zittern, und wechselweise zu erblassen" (nach 1265) oder stürzt „außer Fassung durchs Zimmer ... und (wirft) die Arme zum Himmel empor..." (nach 1291) oder „geht in schrecklicher Bewegung auf und nieder" (vor 3950) usw., die Eboli „steht stumm und verwirrt" (448) oder „schreit laut und fällt" (nach 1857) oder „steht noch betäubt, außer Fassung" (vor 1887), die Königin ist in „wachsender Verwirrung" (622) oder „in sprachloser Erstarrung" (3707), Philipp ist „in düstres Nachdenken versunken" (nach 1236) oder schaut „mit zerstörten Blicken" (2501), steht „in einer schrecklichen Bewegung" auf (nach 2580), gleich danach nochmals „schrecklich auffahrend" (2613) und „aus einem finstern Nachsinnen zurückkommend" (2622). Bewegungen sind oft „heftig", die Blicke „finster", „scheu", „starr" oder „durchdringend". Ausgenommen davon ist nur Posa, der „ohne Zeichen der Verwirrung" (vor 2975) vor dem König steht, der dagegen „verwirrt zur Erde sieht" (vor 3143). Selbst bei der Verhaftung des Freundes gelingt es ihm, „mit Mühe seine Fassung (zu) behalten" (4106); erst als sein Spiel verloren ist, erscheint er „mit zerstörtem Gesicht" (nach 4202). Es besteht ein deutlicher Gegensatz zwischen rhetorischer und mimisch-gestischer Äußerung und Verhalten.

Rhetorik

Es gehört zu den sprachlichen Besonderheiten des Stücks, dass die Figuren mit großer Rhetorik (Redekunst) wirken. Sie ist die Voraussetzung für die Vermittlung der relativ abstrakten Forderungen, die Posa erhebt. Sein „Geben Sie Gedankenfreiheit" dient unterschiedlichsten Kräften als Losung. – Nicht nur die Verse sind bis zur rhythmischen und lautlichen Vollkommenheit getrieben, sondern sie müssen auch mit der entsprechenden Redekunst umgesetzt werden. Die Voraussetzungen sind der Verzicht auf Pausen und Zäsuren im Vers, die hastende Bewegung gegen das jeweilige Versende hin, die Strukturierung durch nichtakustische Zeichen (Gedankenstrich, Fragezeichen), die Auflösung in Redeteile und Wiederholungen des Versendes: „Nur *Sie* – / Darf ich es frei gestehen, großer König? – / *Sie* sehn jetzt unter diesem sanftern Bilde / Vielleicht zum ersten Mal die Freiheit." (3288 ff.) Besonders fällt das bei Posa auf, der während des gesamten Stücks eigentlich „Reden" hält und dabei Haltung zeigt: Rhetorik als künstlerisches Mittel und Methode der Erkenntnisvermittlung, aber auch als Gegensatz zum Hofzeremoniell, das sich in Philipps Sprache niederschlägt: „Sehet / In meinem Spanien Euch um. Hier blüht / Des Bürgers Glück in nie bewölktem Frieden; / Und *diese* Ruhe gönn ich den Flamändern." (3158 ff.) Rhythmus und Semantik orientieren auf

Klangharmonie (Häufung der Umlaute), diese Klangharmonie wird nicht durch Sonderzeichen wie Auslassungen, Gedankenstriche u. ä. beeinträchtigt und erwartet keine sprachlichen Reaktionen vom Leser oder Hörer, sondern will ihm die Harmonie als Kennzeichen des Herrschers suggerieren. Nicht zuletzt haben die rhetorischen Mittel zu den zahlreichen Zitaten und Redewendungen, die aus dem Text stammen, geführt.

Zu den rhetorischen Mitteln gehört auch die **Ironie**. Sie ist bei Schiller selten, aber er macht selbst darauf aufmerksam, wenn im Dialog mit Alba Karlos' Rede „nicht mit Ironie" (1370) versehen sein soll. Im Gespräch mit Domingo hatte Karlos schon Beispiele seiner Ironie gegeben (66 ff., 99 ff.).

Ironie bezieht sich dabei auf die Sprechsituation, in der das Gegenteil des Auszudrückenden gesagt wird. Eine bekannte Stelle Schiller'scher Ironie findet sich in der Kammerdienerszene (*Kabale und Liebe*), als auf die Frage, ob es „gezwungene Landessöhne" gewesen seien, die nach Amerika verkauft worden wären, der Kammerdiener ausführlich von den „Freiwilligen" berichtet. Ähnliche Szenen gibt es auch im *Don Karlos*; in ihnen agiert bevorzugt Karlos. Er bewertet die ihm vorgeschriebenen Verhaltensmuster ironisch als „Possenspiel des Ranges" (931), denen er sich zu entziehen versucht. Da Karlos durchaus zur Ironie fähig ist, hat Schillers Hinweis „nicht mit Ironie" (1370) seine Berechtigung. Karlos begegnet Domingo („Ich bewundre / Des Königs lust'gen Beichtiger ...", 66 f. und öfters) und Alba („Den Vortritt hat das Königreich.", 1015; 1439 ff.) ironisch, urteilt ironisch über seinen Vater („Willkommner Vorwand mich entfernt zu halten!", 911), parliert anfangs ironisch mit der Eboli (1573 ff.) und könnte sich vorstellen, selbst ironisch behandelt zu werden („... treibe keinen Spott mit mir", 1271). Nachdem Karlos von Posa im 3. Akt als Handlungsträger abgelöst wird, verliert sich auch seine Ironie. – Thomas Mann hat Schillers Sprache als ein „persönliches Theater-Idiom" bezeichnet,

„unverwechselbar nach Tonfall, Gebärde und Melodie, sofort als das Seine zu erkennen, – das glänzendste, rhetorisch packendste, das im Deutschen und vielleicht in der Welt je erfunden worden, eine Mischung von Reflexion und Affekt, des dramatischen Geistes so voll, dass es schwer ist seither, von der Bühne zu reden, ohne zu ‚schillerisieren'.“[54]

Lessings *Nathan der Weise* Vorbild

Das „dramatische Gedicht" weist auf die Versform hin, Lessings *Nathan der Weise* war dafür ein Vorbild. Mit Lessings Stück gibt es bis in einzelne Verse hinein Beziehungen. Der Vers ist wichtig und Vorzeichen der entstehenden Klassik, denn der Sturm und Drang schrieb seine Dramen zumeist in Prosa (*Die Räuber, Kabale und Liebe*). Die Umarbeitung der Prosa in Verse gab der Trilogie ästhetische Vollkommenheit. Schiller verwendete den seit Lessing üblichen **Jambus**, ein Silbenwechsel von kurz und *lang* und fügte daraus den Blankvers, einen fünfhebigen Jambus ohne Reim: „Jetzt *gib* mir *ei*nen *Men*schen, *gu*te *Vor*sicht" [Hervorhebung nicht im Original] (2809).

54 Mann, S. 742

2.7 Interpretationsansätze

(Einzelne Interpretationsansätze, vor allem im Zusammenhang mit dem historischen Hintergrund, finden sich bei den sachlichen und sprachlichen Erläuterungen 2.5, S. 67 ff.)

Der Dichter versuchte zu Beginn der Arbeit, **den politischen Charakter** des Stückes herunterzuspielen, um seinen Mannheimer Intendanten Dalberg, der ihn auf den Stoff hingewiesen hatte, nicht zu irritieren, und schränkte ein, es sei „nichts weniger ... als ein politisches Stück" (Brief vom 7. Juni 1784 an Dalberg, NA 23, 143 f.), um dann seinen *Bauerbacher Entwurf* eines „Familiengemälde(s) in einem fürstlichen Hause" (NA 7 II, 16) zu beschreiben. Eine der ersten Notizen benannte dagegen unter den Hauptfiguren durchaus politisch die „eines grausamen heuchlerischen Inquisitors" (Brief vom 27. März 1783 an Reinwald, NA 23, 74 ff.). Die Inquisition beschäftigte Schiller im Zusammenhang mit dem Stück von Anfang an und drängte sich in den Vordergrund, um schließlich eine Art Rahmen des Stückes (Domingo, Großinquisitor) zu bilden. – Leidenschaften wie Liebe, Eifersucht, Hass, Misstrauen und Freundschaft, religiöser menschenverachtender Fanatismus, brutale militärische „Henkersknecht(e)" (162) und blutiger Terror der Inquisition wurden mit aktuellen Ideen der Freiheit, Gleichheit und souveränen Bürgerlichkeit verbunden. Personen des Stückes vertraten über ihre private Existenz hinaus epochale Vorstellungen, wie sie die Aufklärung entwickelt hatte, allen voran der Marquis von Posa. Schiller hatte einen ausgeprägten Sinn für Geheimnisse, Sensationen und **kriminalistische Vorgänge;** das wird zu Beginn des *Don Karlos* deutlich: In der großen Rede Domingos zu Beginn wird von einem Geheimnis Karlos' gesprochen, das man erfahren möchte („rätselhaftes Schweigen", „Kummer", „Rätsel", „Angst" usw.). Damit wird ein Wortfeld geschaffen, das Spannung erzeugt und sich durchgehend findet.

Zusammenhang von Intrige und Kriminalität

Auf den Zusammenhang von Intrige und Kriminalität weisen die zahlreichen Briefeinsätze, Fälschungen und Verwechslungen hin, bis hin zum Brechen des Beichtgeheimnisses. Wenn Karlos unmittelbar darauf auf das Wort „Mutter" erregt reagiert (27) und deutlich ist, dass es nicht seine wirkliche Mutter ist, wird der Spannungsbogen gestrafft und sofort zum Konflikt gesteigert: Die „schönste Frau auf dieser Welt" (45), die jetzt seine Mutter ist, war zuvor seine „Braut" (46). Damit wird das Familienproblem zur Sensation; Schiller hatte einen Sinn für Sensationen.

Schiller hatte eine Neigung zum **Begriff „Verbrechen"**: Er setzte ihn im Vorwort zu den *Thalia-Fragmenten* ein und bezeichnete damit „eine Leidenschaft, wie die Liebe des Prinzen, deren leiseste Äußerung Verbrechen ist" (NA 6, 344). Karlos beschreibt seine Leidenschaft als „frevelhaften Durst", den „nur das abscheulichste Verbrechen löschte" (NA 6, 351): Liebe als Durst, ihre Erfüllung als Verbrechen. Die Verse hat Schiller später getilgt. Als er dann die Vergehen des Mönchs Domingo aufzählt, die vom Verrat des Beichtgeheimnisses über Diebstahl, Mord bis zur Frauenschändung reichen, fällt der Begriff „Verbrechen" nicht, sondern das ist das „Böse". Die politisch verwerflichen Taten lassen sich nicht als „Verbrechen" fassen, weil sie unter Ausnutzung der gegebenen Macht geschehen. „Verbrechen" ist bei Schiller das gegen die Norm, gegen das Gesetz gerichtete Verhalten. Seine Neigung gehörte auch dem Verbrecher, nicht dem Tugendhelden; es gehörte Wallenstein und nicht Gustav II. Adolf. Wielands Schwiegersohn Karl Leonhard Reinhold, den Schiller nicht sonderlich mochte, sprach er die Fähigkeit ab, sich „zu kühnen Tugenden oder Verbrechen, weder im Ideal noch in der Wirklichkeit erheben" zu können. Er, Schiller, könne „keines Menschen Freund sein, der nicht Fähigkeit zu einem von beiden oder beiden hat" (Brief an Körner vom 29. August 1787).[55] Der *Verbrecher aus verlorener Ehre* (1785), wie Schillers bekannteste Erzählung heißt, war der tugendhafte Entwurf eines ehrenhaften Menschen. Karlos'

„Verbrechen" ist bei Schiller das gegen das Gesetz gerichtete Verhalten

55 Der Dichter und Büchnerpreisträger Volker Braun sah in diesem Zitat den Beweis dafür, dass Schiller ein „gefährliches Naturell" hatte, „man kennt seine Spielernatur, seine Lust an Intrigen und Diplomatie." (Braun, S. 300)

Verbrechen war Leidenschaft, war Rebellion gegen die regierende Macht und Aufbegehren gegen die mörderische Inquisition. –

Rousseau und Montesquieu

Auf der Karlsschule las Schiller außer Werken Lessings und Herders auch die Rousseaus und Montesquieus, die für den *Don Karlos* **die philosophische und staatspolitische Grundlage** boten. Schiller, der auch Historiker war, sah sich zeitweise ganz in der Tradition der Geschichtsschreiber, nicht in der des Dichters. Es ging ihm um das Individuum, den Bürger, nicht den Untertan. Nach dem Vorbild Montesquieus konfrontierte er Gesetze und menschliche Tugend, hielt beide nicht für vereinbar und polemisierte gegen Gesetze, weil sie das Wollen des Menschen einschränkten. Posa erklärt es so: „Mir aber, / Mir hat die Tugend eignen Wert. Das Glück, / Das der Monarch mit meinen Händen pflanzte, / Erschüf ich selbst, und Freude wäre mir / Und eigne Wahl, was mir nur Pflicht sein sollte." (3029 ff.) Schiller stimmte mit der Argumentation seines Posa überein; er hielt die bürgerliche Gesellschaft für eine Summe gleichberechtigter Individuen. Ein Brief an Karoline von Beulwitz vom 27. November 1788 bestätigte das nachdrücklich: „Der Staat ist ein Menschenwerk, der Mensch ist ein Werk der unerreichbaren großen Natur. Der Staat ist ein Geschöpf des Zufalls, aber der Mensch ist ein notwendiges Wesen, und durch was sonst ist ein Staat groß und ehrwürdig, als durch die Kräfte seiner Individuen?" (NA 25, 146 f.) Von dieser Auffassung her erklärt sich, warum Schiller für die Analyse der absolutistischen Macht das Familiengemälde benutzte: Politische Handlungen waren immer unmittelbar mit individuellen Entscheidungen verbunden.

Schillers *Don Karlos* nimmt in mehrfacher Hinsicht eine **Zwischenstellung** im Gesamtwerk ein, die bei allen Interpretationsversuchen zur Grundlage gemacht werden muss: Das Werk steht einmal zwischen dem Sturm und Drang und der Klassik, es steht zum anderen zwischen privater bürgerlicher Familiendramatik und weltbürgerlichem Politikverständnis, bei dem der berechtigte Abfall der niederländischen Provinzen von Spanien eine Rolle spielte. Die ursprüngliche Familientragödie trat vor dem Hintergrund der politischen

Entwicklungen immer weiter zurück und reduzierte sich auf eine ideale, fast unerotisch beschriebene Liebe. In Goethes *Egmont* lief das Geschehen als geschichtlicher Vorgang – es ging um die sozialen und nationalen Interessen der Niederländer – ab, wenn auch nicht in historischer Treue. Schiller verdichtete die politische Entwicklung zu einem Ideal der Freiheit, zu einem Reich der Ideen, in dem der Kampf der Niederländer nur Beispiel für Völker verbrüderndes Weltbürgertum war. Es gehörte zu Schillers Denkprinzipien, die realen politischen Vorgänge in eine große abstrakte Idee zu fassen. Die im *Karlos* entwickelte stammte aus der Aufklärung und ging vom vernünftigen Menschen, der zur Durchsetzung der Vernunft den revolutionären Umschlag benötigt, aus. Schiller entwickelte dieses Menschheitsprogramm, das zwei Jahre später in der Französischen Revolution umgesetzt wurde, in einer einzigen Szene: Es ist die Begegnung zwischen Philipp und Posa im 3. Akt, 10. Auftritt, der von seinem Umfang her überdimensioniert ist (Verse 3499–4041 bei 6282 Versen). „Auf dem Hochplateau der Ideen müsste der Geist der Revolution und der Geist des Absolutismus aufeinander stoßen."[56]

Stück der Aufklärung, des Sturm und Drangs, der Klassik

Schillers *Don Karlos* ist in seiner ideellen Anlage ein Stück der Aufklärung, in seinen Konflikten und Handlungen ein Stück des Sturm und Drangs, in seiner Form ein Stück der Klassik. Die Fabel, die Zerstörung einer Familie im Machtkampf und politischem Streit, ist typisch für den Sturm und Drang. Insofern trägt das Stück alle Zeichen eines Übergangs. Aber es ist letztlich ein Stück des Scheiterns; Schillers ursprüngliche Absichten, mit der Inquisition abzurechnen, gingen nicht auf. Noch hatte Schiller nicht seine Kant-Studien betrieben, die ihm die Unabhängigkeit des menschlichen Geistes wiesen und wenigstens das Reich der Idee ermöglichten; insofern war sein *Don Karlos* ein Stück des **Scheiterns aufklärerischer Ideen**: Der geistige Führer der niederländischen Freiheitskämpfer Posa fällt ebenso, wie der gewünschte Vorkämpfer Karlos ausgeschaltet wird; Alba scheint der Sieger zu sein.

56 Safranski, S. 238

In Goethes *Iphigenie auf Tauris* (1787), im gleichen Jahr wie Schillers *Don Karlos* erschienen, dominierte die menschliche Moral über göttliche Vernichtungsgebote und königliche Opferforderungen. Im *Don Karlos* siegten als Macht die Inquisition, als Methoden die Vernichtung des Menschen als Erfüllung königlicher Weisungen und die rituale Opferung des unbequemen Denkers. Dem Leser oder Zuschauer boten sich kaum Möglichkeiten, Korrekturen aus dem geschichtlichen Verlauf entgegenzusetzen. Ihm blieb nur der Eintritt in Schillers Reich der Idee und der Ideale, um die Hoffnung zu erhalten. In der weltgeschichtlichen Ideentragödie siegten die Männer der Reaktion: Philipp, Alba und Domingo; der Dichter schuf die Möglichkeit, sich mit den Repräsentanten der neuen Ideale moralisch in Übereinstimmung zu bringen. Das änderte indessen nichts an der vorhandenen politischen Wirklichkeit in Deutschland, in der es nie eine auch nur annähernd vollendete Revolution gab, die diese moralischen Werte hätte umsetzen können:

> *„Im ‚Don Carlos' vertritt der Sohn das Neue, die Zukunft, gegenüber den alten Mächten der politischen Finsternis, denen der Vater treu bleibt, denen der Vater den Missratenen aufopfert. Der Sohn scheitert, aber über den moralischen Pakt, der bei Schiller mit Macht sich auswirkt, wird er verherrlicht."*[57]

Der geschichtserfahrene Zuschauer weiß, dass sich die Niederlande von Spanien befreiten und Schiller schrieb nach seinem *Don Karlos* den *Abfall der vereinigten Niederlande von Spanien*. So blieben der warnende Charakter des Dramas und die geschichtlichen Realitäten.

Aber in der **Personenkonstellation trat Karlos zugunsten Posas zurück**, das „Familiengemälde" mit der unglücklichen Liebe Karlos' zur ehemaligen Verlobten und Stiefmutter verblasste; selbst die Übergabe des Thronfolgers an die Inquisition, gleichbedeutend mit dem Tod, geschieht, verglichen mit dem Tod Posas, fast beiläufig. Das Stück war zur Tragödie Posas geworden. Diese Tragödie war auch die der politischen Neuordnung geworden; mit Posa

Das Stück war zur Tragödie Posas geworden

57 von Matt, S. 116

starb, vorerst, das „kühne Traumbild eines neuen Staates" (4280). Die Tragödie war eine vollkommene: Die Familie des Königs geht unter; der alte König, der über Sohn und Frau siegt, ist damit am Ende und überlässt die Macht der menschenfeindlichen fanatischen Inquisition; die absolutistische Erbfolge bricht ab. Das ist das Ende der einen Jahrhunderthandlung, von der Schiller im Vorwort zum *Thalia-Fragment* (1785) gesprochen hatte. Das Ende der anderen ist ebenso tragisch: Posas staatsrechtliche Entwürfe und Ideale waren nicht realisierbar und mussten auf eine ferne, unbestimmte Zukunft vertagt werden. Das lag auch daran, dass Posa keine Partner hatte, denn auch Karlos hat seine politische Mission wegen seiner Liebesleidenschaft aufgegeben und die Königin, die noch das Profil dazu hätte, ist in den Konventionen des Hofes gefangen. Posa hatte das im Angesicht seiner politischen Gegenwart geahnt: „Das Jahrhundert / Ist meinem Ideal nicht reif. Ich lebe / Ein Bürger derer, welche kommen werden." (3078 ff.) Das ist das Ende der anderen Jahrhunderthandlung. Schillers langes Schweigen als Dramatiker danach hat auch hier eine Ursache. Für den heutigen Leser entsteht daraus die Frage, wann und unter welchen Umständen Posas Ideal des gleichen Menschen vor dem gleichen Gesetz Wirklichkeit werden wird und wie weit heutige Politik auf diesem Wege schon gekommen ist.

Die **Veränderungen, die sich vom Sturm und Drang zur Klassik** bei Schiller vollzogen, waren gewaltig und werden beim Vergleich zwischen *Don Karlos* und den *Briefen über Don Karlos* deutlich, in denen die Entwicklung des Posa verfolgt wurde. Ausgelöst wurden sie durch das Scheitern der Sturm-und-Drang-Bewegung

> *„im Bereich der Gesellschaftskritik wie der Literatur. Die ersehnte reale Volksbewegung war ausgeblieben. Nun bemühen sich die konsequentesten Vertreter einer deutschen bürgerlichen Nationalliteratur um einen bürgerlich-feudalen Kompromiss. An die Stelle der ursprünglichen Volks- und Selbsthelferbewegung tritt der Ruf nach dem Revolutionär und Helfer von oben."*[58]

58 Mayer, *Schiller und die Nation*, S. 98

Es gehört zu Schillers Genie, dass er einerseits diese Entwicklung nicht nur verfolgte, sondern mitbestimmte, aber andererseits in der Gestalt Posas den politisch-utopischen Gehalt dieser Entwicklung bewahrte.

Inszenierungen

Ein besonders Problem der Interpretation ergibt sich bei Inszenierungen. Trotz mehrfacher Kürzungen, die Schiller vornahm, lässt sich das Stück kaum in vollem Umfang spielen. Die Vielschichtigkeit, die durch die lange Entstehungszeit entstand, zwingt einen Regisseur zu Entscheidungen: Der ursprüngliche Ansatz war ein Anti-Inquisitionsstück; er lässt sich mit Verlusten für die Posa-Handlung im Stück verfolgen. Folgt man Posas utopischen Entwürfen, die weit über die Realität des Stoffes, aber auch über Schillers Zeit hinaus reichen, treten die Eboli-Handlung und der Familienkonflikt völlig zurück. „So ist der Don Karlos beides und beides nicht: ein Werk moralischer Warnung vor fürstlichem Absolutismus oder kirchlicher Inquisition – und eine politische Tragödie ..."[59].

59 Mayer, *Das Ideal und das Leben*, S. 60

3. Themen und Aufgaben

Die Lösungstipps verweisen auf die Seiten der vorliegenden Erläuterung.

1) Thema: Bürgerliches Trauerspiel und geschichtliche Tragik

- Beschreiben Sie die Veränderungen, die während der Entstehung des Stücks eintraten.
- Wie veränderte sich die Rolle des Marquis von Posa?
- Vergleichen Sie die politischen Lösungen im Stück mit den realen geschichtlichen Vorgängen. Beziehen Sie Ihre Ergebnisse auf die Ziele der Aufklärung.

Textgrundlage: *Don Karlos, Geschichte des Abfalls der vereinigten Niederlande* (1. Buch)
Lösungshilfe: S. 29 ff.
S. 60 ff.

2) Thema: Die Inquisition

- Welche Bedeutung hat die Inquisition für die Handlung des Stücks? Betrachten Sie den „Rahmen", den Inquisitoren bilden.
- Beschreiben Sie die Rolle Domingos und des Großinquisitors.
- Wie nutzt Domingo seine Stellung für politische Ziele aus?

Textgrundlage: 1. Akt, 1. Auftritt; 5. Akt, 11. Auftritt
Lösungshilfe: S. 19 f., 65 f.

3) Thema: Die Zentralszene im 3. Akt, 10. Auftritt

- Beschreiben Sie die Gesprächsgegenstände zwischen Philipp und Posa.
- Erklären Sie den Zusammenhang mit Rousseaus *Gesellschaftsvertrag* und Schillers Selbstdarstellung.

Textgrundlage: 3. Akt, 10. Auftritt
Lösungshilfe: S. 40 f., 94 ff.

▶ Was bedeutete „Fürstenerziehung" und „aufgeklärter Absolutismus"? Wie sehen Sie die Chancen für solche Erziehungsvorhaben? Wie könnte heute eine „Politikererziehung" aussehen?

4) Thema: Die Rolle der Briefe im Stück – die Intrige

Textgrundlage: 2. Akt, 4.–13. Auftritt
Lösungshilfe: S. 50 ff.

▶ Stellen Sie alle Szenen zusammen, in denen Briefe eine Rolle spielen.
▶ Beurteilen Sie den Einfluss der Briefe auf die Handlung.
▶ Erklären Sie den Begriff des „Intrigenspiels" an der Eboli-Handlung und vergleichen Sie diese mit anderen Beispielen (z. B. Mozarts *Figaros Hochzeit*).

5) Thema: Marquis von Posa

Textgrundlage: 4. Akt, 17. Auftritt, bis 5. Akt, 3. Auftritt
Lösungshilfe: S. 60 ff.

▶ Beschreiben Sie, wie sich die Gestalt Posas im Entstehungsprozess veränderte.
▶ Wie wirkte sich diese Veränderung auf den Konflikt Karlos' mit Philipp aus?
▶ Beschreiben Sie Posa als Malteserritter und seine Ähnlichkeit mit einem Illuminaten.
▶ Beschreiben Sie Posas Intrigen und seinen falschen Brief an den König. Wie beurteilen Sie sein Verhalten, insbesondere das gegenüber der Königin?

6) Thema: Die sprachliche Gestaltung

- Beschreiben Sie Besonderheiten der Sprache Schillers. Was machte Ihnen Schwierigkeiten, was hat Ihnen besonders gefallen?
- Vergleichen Sie gesprochene Sprache und Regieanmerkungen und beschreiben Sie die Unterschiede.
- Wie geht Schiller in seinem Stück mit Ironie um? Welche Figur setzt sie wann, bei wem und warum ein?

Textgrundlage:
1. Akt, 1. Auftritt;
2. Akt, 1. und
5. Auftritt

Lösungshilfe:
S. 85 ff.

4. Rezeptionsgeschichte

Die **Uraufführung** fand am 29. August 1787 in Hamburg mit einer entschärften und gekürzten Fassung statt (Regie: Friedrich Ludwig Schröder); zum Beispiel verzichtete man auf den Großinquisitor und strich 400 Verse vor allem in den Eboli-Szenen. Im gleichen Jahr wurde auch die Versfassung von Goethes *Iphigenie auf Tauris* veröffentlicht und die erste Buchausgabe des *Don Karlos* erschien. Ihr folgten ein Jahr später und 1792/93 Nachdrucke. Vergleicht man die beiden Dramen miteinander, wird deutlich, wie groß der Abstand Schillers zum klassischen Dramenideal noch war. Während z. B. am Schluss der *Iphigenie* die Macht der Götter überwunden, menschenfeindliche Gesetze abgeschafft und die Menschen eigenverantwortlich handelnd wurden, siegten in Schillers Drama die Mächte des Bösen, wurden Menschen vernichtet und der Inquisition unterworfen. Obwohl die eingesetzten formalen Mittel (Blankvers, Dramenstruktur) sich ähnlich waren, standen sich die Ideen eines humanen Denkens noch polar gegenüber.

Goethes *Iphigenie auf Tauris*

Die Uraufführung wurde trotz der ungewohnten Jamben ein großer Erfolg, der einzige vorerst in Deutschland[60], und musste am nächsten Tag wiederholt werden. 1795 wurden eine und 1798 zwei englische Übersetzungen veröffentlicht, 1799 folgten eine französische und eine holländische Übersetzung.

Wieland

Die Zeitgenossen reagierten zurückhaltend: Wieland hatte Vorbehalte (s. S. 113) und lehnte eine Besprechung in der *Allgemeinen Literatur-Zeitung* ab, um den Autor nicht zu brüskieren: Er sah sich nicht zu einer „günstigen Anzeige" in der Lage. Als der Schriftsteller Friedrich Wilhelm Gotter – der, wie Schiller Körner schreibt, „mich schon seit vier Jahren hasst" (NA 7 II, 36) – in Wielands Beisein am Hof Anna Amalias das Stück vortrug und sich „süffisant über dessen Schwächen"[61] äußerte,

60 Devrient, Bd 1, S. 575
61 Damm, S. 73

widersprach Wieland nicht. Herder, den Schiller um ein Urteil bat, war angenehm überrascht, hatte er doch bis dahin keinen guten Eindruck von Schiller. Er nahm an der Tafel der Herzogin Schillers Partei. Goethe war *Don Karlos* unsympathisch:

> *„Die Erscheinung des ‚Don Carlos' war nicht geeignet, mich ihm näher zu führen, alle Versuche von Personen, die ihm und mir gleich nahe standen, lehnte ich ab, und so lebten wir eine Zeitlang nebeneinander fort."*[62]

Das Werk verstellte anfangs wie auch *Die Räuber* die Beziehungen Goethes zu Schiller. Auch Goethes Freund Knebel mochte das Stück nicht, wie er am 10. Dezember 1810 seiner Schwester schrieb.[63] Dagegen sah sich Hölderlin durch den *Don Karlos* in eine „Zauberwolke" gehüllt, durch die „der gute Gott meiner Jugend" verhinderte, „dass ich nicht zu frühe das Kleinliche und Barbarische der Welt sah, die mich umgab" (Brief an Schiller vom 8. September 1799). Ludwig Tieck schrieb in den *Dramaturgischen Blättern* (1826) enthusiastisch über das Stück, das ihn noch mehr „entzückte ... als die vorigen Arbeiten des Dichters". Er vernahm auf dem Theater nun jenen „Geist, der neue Philosophie wie Staatskunst schuf", und fand „dieselben Fragen ..., die unsere Nachbarn zu verhandeln anfingen". Er vermisste allerdings im Stück die Dramatik und vermerkte den durch die Rhetorik eintretenden Stillstand in den Szenen, „Meinungen, Reflexionen, Untersuchungen und Seelenzustände ersetzen die eigentliche Handlung". Er sah als besonders zugespitztes Beispiel dafür die „berühmteste Szene der Tragödie, die den meisten Enthusiasmus erregte, und noch wohl jetzt die größte Teilnahme erweckt"[64], die Audienzszene.

Tieck

Manche **Schwierigkeiten machten dem Publikum die Jamben**, die es noch nicht gewöhnt war; nur ein kleines gebildetes Publikum war dafür aufgeschlossen. Für mehrere andere Theater (Leipziger Fas-

62 Goethe, S. 403
63 Knebel an seine Schwester am 10. Dezember 1810. In: Bode, Bd. 2, S. 496
64 Tieck. In: Oellers (Hrsg.), S. 174

sung 1787 [NA 7 II, 483 f.], Rigaer Bühnenfassung 1787) musste Schiller den Text wieder in Prosa umschreiben. In der Leipziger Fassung machte man den Schluss theatralisch wirksamer, indem sich Karlos erstach. Andere Schwierigkeiten hatte das Publikum mit der Handlung, „man konnte sich in die verwickelte Intrige nicht finden"[65].

Goethe

1792 studierte Goethe das Stück ein; Schiller hatte den Text nochmals gekürzt und „eine knappere Form gegeben". Zum ersten Male wurde bei dieser Inszenierung auch auf die jambische Rede systematische Arbeit verwendet, „worin man bisher nur einem dunklen Gefühle gefolgt war"[66]. – *Don Karlos* wurde am 19. Juni 1802 in Weimar, am 5. August in Bad Lauchstädt und am 27. August in Rudolstadt aufgeführt. Schiller hatte sich an eine Bearbeitung gemacht und den „theatralischen Fond in dem Stück" konzentriert, zu einem „befriedigendem Ganzen" brachte er es nicht, wie er an Goethe am 20. März 1802 schrieb, „weil es viel zu breit zugeschnitten"[67] sei. Andererseits wurde das Stück in Wien zu Schillers Lebzeiten gar nicht aufgeführt; die Zensur verhinderte es. – Göschen veröffentlichte eine Prachtausgabe, die fünf Kupferstiche nach Zeichnungen von Franz Catel (1778–1856) enthielt. Immer wieder wurde die lange Entstehungszeit für die Uneinheitlichkeit des Stückes in Anspruch genommen, aber auch die im *Don Karlos* ausgeprägte Art des „Schillerns", womit der an die Stelle von Handlung tretende philosophische Diskurs gemeint wurde. Ludwig Börne brachte es auf den Punkt: „Nichts geschieht, wenig wird empfunden, am meisten wird gedacht. Es ist ein schönes vergoldetes Lehrbuch über Seelenkunde und Staatskunst, vom Schulstaube gereinigt, uns in die Hände gegeben."[68]

Da lag der **parodistische Umgang** mit dem Stück schon nahe und *Don Karlos* wurde oft parodiert, besonders die Audienzszene (3.10.).

Heine

Ein besonders bissiger Umgang findet sich bei Heinrich Heine. Als der Dichter Georg

65 Devrient, Bd. 1, S. 513

66 Ebd., S. 616

67 *Der Briefwechsel zwischen Schiller und Goethe in drei Bänden*. Bd. 2, S. 408

68 Börne, S. 20

Herwegh nach einer Audienz bei Friedrich Wilhelm IV. 1842 aus Preußen ausgewiesen wurde, ließ Heine ihn in seinem Gedicht *Georg Herwegh* sagen: „Aranjuez, in deinem Sand, / Wie schnell die schönen Tag schwanden, / Wo ich vor König Philipp stand / Und seinen uckermärk'schen Granden. // Er hat mir Beifall zugenickt, / Als ich gespielt den Marquis Posa; / In Versen hab' ich ihn entzückt, / Doch ihm gefiel nicht meine Prosa."[69]
In der Nachfolge Schillers entstand **Franz Grillparzers** *Ein Bruderzwist in Habsburg* (1848, geändert gedr. 1872), das geschichtsphilosophische Testament des Dichters. Die Beziehung zu Schiller betraf zuerst das ideale Pathos und die stilistische Vollkommenheit der Sprache, dann aber auch die Figurenkonstellation. Der in Spanien spielende Konflikt wurde von Grillparzer nach Österreich verlegt, wo die meisten seiner Dramen spielen. Kaiser Rudolfs II. Tatenlosigkeit ruft am Vorabend des Dreißigjährigen Krieges die Männer der Tat, seinen Bruder Matthias – eine Mischung aus Domingo und Großinquisitor – und seinen Neffen Ferdinand – eine Alba-Variation –, auf den Plan. Nur Erzherzog Leopold – dem Karlos ähnlich – wirkt sympathisch. Rudolf glaubt, durch Handeln schuldig zu werden, und handelt deshalb nicht. – Nur das frühe Stück *Blanka von Kastilien* war ein noch deutlicherer Tribut Grillparzers an Schillers *Don Karlos* und spielte auch in dessen Land. Schillers Charaktere im *Karlos*, die meist enthusiastisch gelobt wurden, verschwänden nach Grillparzers Meinung hinter der melodischen Sprache. Schillers *Don Karlos* hatte die Ideen der Aufklärung als gescheitert ausgestellt, Grillparzer setzte diese Linie fort und gestaltete eine bürgerliche Entwicklung, deren Optimismus schon zerstört wurde und die noch vor ihrem historischen Höhepunkt gescheitert war. Schillers tätigste Figur, Posa, wurde von der vergehenden Macht ermordet, bei Grillparzer war der „Glaube an die aktive Persönlichkeit"[70] überhaupt erschüttert.

69 Heinrich Heine: *Georg Herwegh* (Zeitgedichte Nr. 12). In: Ders., S. 310
70 Fischer, S. 115

Oper

Am 11. März 1867 wurde in Paris ***Don Carlos*, Oper von Giuseppe Verdi**, uraufgeführt. Das Libretto hatten Françoise-Josephe Méry und Camille du Locle nach Schillers Drama in der Fassung von 1805 geschrieben. Sie brachten aber zusätzlich die Vorgeschichte – Philipps Hochzeit mit Elisabeth – auf die Bühne. Es war Verdis umfangreichste Oper und eines der bedeutendsten Beispiele der französischen Gattung der „Großen Oper"; nach 270 Proben in acht Wochen fand die Uraufführung im Beisein Kaiser Napoleons III. statt. Sie wurde kein Erfolg, man warf Verdi „Wagnerismus" vor. Erst die Aufführung am 27. Oktober 1867 in Bologna war der Beginn eines bleibenden Erfolgs.
Kein Werk des Dichters hatte, bedingt durch Fassungen und verschiedene Überarbeitungsstufen, einen solchen Umfang wie *Don Karlos*. Während der dreiteilige *Wallenstein* mit allen zugehörigen Erläuterungen und Dokumenten in der **Nationalausgabe**, der wichtigsten Veröffentlichung der Werke Schillers, einen Band einnahm, benötigten die Herausgeber für *Don Karlos* drei Bände. Auch in einer anderen Hinsicht wurde das Werk in National- und Literaturgeschichte eine Ausnahme: Im Streit der Meinungen über das Stück ging es immer um einzelne Interpretationsfragen und immer um grundsätzliche Differenzen, trotzdem wurde Schiller „der Abgott der deutschen Philister"[71]. So wurde es zum Schillerjubiläum 1905 von konservativen Professoren in gleicher Weise gefeiert wie von der Arbeiterklasse, wenn auch deren bedeutendster Literaturkritiker jener Zeit, Franz Mehring, wenig Verständnis für den Marquis Posa zeigte, der „als Held des Dichters, der sieben Jahre früher *die Räuber* geschrieben hatte, ... eine desto miserablere Figur"[72] mache. Dafür sah er aber in der differenzierten Charakterzeichnung der übrigen Gestalten „einen bedeutenden Fortschritt über die früheren Dramen Schillers"[73]. Den gleichen Sachverhalt bewertete der Schiller-Biograf Wolfgang Golther, der ebenfalls den Fortschritt anerkannte, anders: Während Schillers

71 Mehring, *Tells Geschoss*, S. 298
72 Mehring, *Schiller*, S. 164
73 Ebd.

frühere Dramen „Revolution, gewaltsamen Umsturz" gepredigt hätten, verkünde „der endgültige *Don Carlos* Reformation, inkräftigen Umbau ohne Gewaltmittel"[74].

Im 19. Jahrhundert wurden mehrere *Karlos*-Dramen geschrieben, sie standen durchweg „im Schatten Schillers"[75]. Indem mehrfach auf die Familientragödie zurückgegriffen wurde, gab man die bei Schiller erreichte weltanschauliche Höhe des Geschehens preis (Friedrich de la Motte Fouqué: *Don Carlos, Infant von Spanien*, 1823).

Der Schriftsteller **Herbert Eulenberg** (1876–1949), laut Thomas Mann „Ehrenbürger der Welt", von Düsseldorf 1946 mit der Ehrenbürgerschaft, von der DDR 1949 mit dem Nationalpreis geehrt, sah Posas Utopien im deutschen Kaiserreich erfüllt; die neue Zeit habe mit der Erklärung der Menschenrechte begonnen und Posas Ideal der „Gedankenfreiheit" sei „in Deutschland und Preußen" erfüllt worden, „wo jeder verfassungsmäßig das Recht hat, in Wort und Schrift seine Meinung frei zu äußern, wenn auch leider nur wenige bisher von diesem Rechte Gebrauch zu machen pflegen"[76]. Warum die Menschen auf ihr Recht verzichteten, interessierte Eulenberg ebenso wenig wie heutige Politiker, von denen sich meist nur noch die Hälfte der Wähler im demokratischen System angesprochen fühlt.

Bedeutende **Regisseure versuchten sich zeitweise lebenslang** an dem Stück. Leopold Jeßner (1878–1945) hatte es schon zweimal inszeniert, ehe er 1929 seine Erfahrungen aus diesen Inszenierungen verwertete und am Staatlichen Schauspielhaus Berlin umsetzte. Im Zentrum der Inszenierung stand Philipp, „dessen einsame Großmacht diesem ganzen Hof die Kälte und Starrheit eines Leichenschauhauses einhaucht, (er) erweitert sich von Szene zu Szene zur eigentlich tragischen Gestalt"[77]. Gespielt wurde Philipp von Fritz Kortner, der Philipp „zu Shylocks Bruder"[78] werden ließ (Monty Jacobs, 2. 11. 1929, Theaterkritiker,

Jeßner

74 Golther, S. 164
75 Frenzel, S. 524
76 Eulenberg, S. 48
77 Jeßner im Programmheft zur Aufführung. Zit. in: Rühle, S. 976
78 Monty Jacobs. Zit. in: Rühle, S. 976

1875–1945). Die deutlich politische Akzentsetzung – Posas Hinweis auf den politisch tätigen Prinzen sollte Karlos vor der tödlichen Eifersucht Philipps retten – rief das neue „völkische Vokabular" des zu der Zeit faschistisch orientierten Arnold Bronnen gegen Jeßner auf den Plan: „Die Front erwartet ... die Erfüllung einer nationalen Pflicht ... einer deutschen Pflicht. Wir werden demgemäß Herrn Jeßner nicht nur an seinen Früchten erkennen, welche artistisch sind; wir werden ihn auch an seinen Wurzeln erkennen – welche politische sind. Die Inszenierung ist missglückt ..."[79]. Alfred Kerr (1867–1948; „ganz hervorragende Aufführung") und Emil Faktor (1876–1941 nach Lodz deportiert; „Die Mysterien der Dichtung wurden klar bis an die Grenzen der Nüchternheit.") lobten die Inszenierung. Die Auseinandersetzung war aus dem ästhetischen ins politische Feld gelangt (Faktor: „Der Freiheitsgedanke ist ein versinkender Meteor."): Der jüdische Regisseur Jeßner wurde von jüdischen Kritikern unterstützt und von nationalistischer Seite angegriffen.

Don Karlos im Dritten Reich

Mit dem *Don Karlos* tat man sich im Dritten Reich schwer. Einerseits wurde Schiller in das nationalsozialistische Denken integriert und zum „älteste(n) SA-Mann"[80] gemacht. Für den wieder auferstandenen Schillerpreis komme „nur ein im nationalsozialistischen Geiste schaffender Dichter größten Formats" in Frage, für den man 1934 keinen Kandidaten hatte[81], Schiller wurde zum „Vorläufer des Nationalsozialismus" ernannt.[82] Andererseits war der Idealist Schiller zu ideal und der „barocke und der aufklärerische Schiller" mit den klar argumentierenden Figuren entsprachen nicht dem „nordischen Schiller mit seiner todesstrotzenden Willensmacht" (Walther Linden): „Schillers menschliche Wege sind nicht mehr unsere Wege. Die Schwärmer der Schönheit sind tot, die ästhetischen Außenseiter des Lebens seit langem entartet." (Her-

79 Arnold Bronnen. Zit. in: Rühle, S. 977

80 Hans Günther, der scharfsinnige Kritiker des Nationalsozialismus, gab seiner Analyse der Schrift *Schiller als Kampfgenosse Hitlers* von Hans Fabricius den Titel *Der älteste SA-Mann*. In: Günther, S. 567

81 Vgl. Brief Friedrich Bethges. In: Wulf, S. 295

82 *Der Führer ehrt Friedrich von Schiller*. In: ebd., S. 391

bert Cysarz, November 1934)[83] Zu diesen „Schwärmern", die wegen ihrer moralischen Haltungen verdächtigt wurden, gehörten Karlos und Posa ebenso wie Max Piccolomini aus *Wallenstein*. Eine andere, ebenfalls genutzte Möglichkeit war, Posa nicht als Freigeist, revolutionären Freiheitskämpfer und Weltbürger zu begreifen, sondern ihn als Fürstenfreund zu verstehen, der seine Sache auf die Taten eines Königssohnes gründet.[84] Das allerdings ging den herrschenden Ideologen zu weit und rief sie auf den Plan: Wenn man in Schillers Dramen gewaltige Gleichnisse für die nationalsozialistische Zeit sähe, verdecke sich „das große Irrationale, die religiöse Grundhaltung im Heroismus der Schillerschen Helden leicht"[85]. Auch wurde Schillers „Reinrassigkeit" bestritten; als „Rasse: gemischt", gar „dinarisch" entsprach er nicht dem Ideal.[86] Schließlich wurde Schillers *Don Karlos*, in dem schon zuvor an den unerwünschten Stellen Beifall gegeben wurde („Geben Sie / Gedankenfreiheit." 3215 f.), auch verboten.[87] Dagegen trugen die deutschen Antifaschisten Bruno Apitz und Karl Schnog die Marquis-Posa-Reden aus *Don Karlos* im KZ Buchenwald vor.[88]

nach 1945

1962 inszenierte der schillernde und umstrittene **Gustaf Gründgens** *Don Karlos* und spielte selbst den König Philipp (Premiere 20. November) wie sein Vermächtnis. Es war seine letzte Rolle, er starb am 7. Oktober 1963. Er machte Philipp für sich zu einer späten Identifikationsfigur: „die an Selbstverleugnung grenzende Selbstdisziplin und die verbissene, aber würdevolle Pflichterfüllung Philipps ... Er hat Philipp als misstrauischen, zutiefst einsamen, aber auch pflichttreuen, ausharrenden Menschen dargestellt."[89]

83 Ebd., S. 392 und 360

84 Fabricius: *Schiller als Kampfgenosse Hitlers*. Vgl. dazu Günther, S. 867, Auszüge aus Fabricius bei Pörnbacher, S. 227 ff. und bei Wulf, S. 394: Schiller schreite dem „leuchtenden Hakenkreuzbanner" voran.

85 Pongs, S. 4

86 Annemarie Krusekopp: *Waren die bedeutendsten Männer Deutschlands reinrassig oder gemischtrassig?* Dissertation, Heidelberg 1940. In: Wulf, S. 464

87 Vgl. Günther, S. 569

88 Vgl. Denkler u. Prümm, S. 443

89 Michalzik, S. 11

Für den Schweizer Schriftsteller **Robert Walser** (1878–1956) war *Don Karlos* Schillers schönstes Stück, weil in ihm der Übergang vom Sturm und Drang zur Klassik beispielhaft sichtbar werde, „was Sprachlichkeit und Gestaltung betrifft, noch jugendlich flammt, sich zugleich aber auch schon gewissermaßen gewähltere Manieren angenehm und ausgleichend geltend machen."[90]

Die Dramatik Schillers wurde zu **Bertolt Brechts** wichtigem Jugenderlebnis, das lebenslang anhielt und im „ästhetischen Denken" fest „verwurzelt" war.[91] *Don Karlos* liebte er, aber er hielt ihn für nicht mehr zeitgemäß. Als er in Upton Sinclairs *Sumpf* die Geschichte eines Mannes las, der für eine „kleine Vision von Freiheit" mit Gummiknüppeln niedergeschlagen wurde, meinte er in einer Kritik vom 15. April 1920: „Seine Freiheit hat mit Carlos' Freiheit nicht das Mindeste zu tun, ich weiß es: aber ich kann Carlos' Knechtschaft nicht mehr recht ernst nehmen. (Auch ist die Freiheit beim Schiller immer nur gefordert, in anerkannt schönen Arien, zugegeben, aber sie könnte vielleicht auch dasein, in irgendeinem Menschen, aber Posa und Carlos und Philipp: Opernsänger, gratis für Beifall.) Aber sonst ist *Don Carlos* eine schöne Oper."[92]

Die **Jubiläumsjahre 1955 und 1959** brachten zahlreiche Schiller-Reden, darunter die Thomas Manns (s. S. 114) und Friedrich Dürrenmatts. Dürrenmatt verband in seinem Denken Schweizer Traditionen mit Schillers Berufung auf das Naturrecht und erklärte ganz im Sinne der Ideale Posas: „Die Freiheit wird nicht durch die Politik realisiert, nicht durch Revolutionen erzielt, sie ist als Grundbedingung des Menschen immer vorhanden, und wäre der Mensch in Ketten geboren."[93]

Alle großen Bühnen spielten *Don Karlos*; Schillers Werk wurde im 20. Jahrhundert nur selten von den Bühnen verdrängt. Regisseure suchten immer wieder nach neuen und eindringlichen Lösungen: An den Münchner Kammerspielen inszenierte der Ostberliner Ale-

---

90 Walser, S. 35
91 Mittenzwei, S. 259
92 Mayer, *Brecht*, S. 121 f.
93 Dürrenmatt, S. 447

xander Lang 1985 einen radikal vereinfachten *Don Karlos*, der die „reiche, wirre, angeblich spanische Geschichte ... auf ihren nackten Kern entblößt"[94] bot, in dem eine wilde Jugend in Brunst und hektisch greller Glücksbegier gegen ein erstarrtes Lebenssystem und seine Ordnung tobte. 1977 spielte das Staatstheater Schwerin *Don Karlos* (Regie: Christoph Schroth) mit einem sehr jungen Ensemble; große Textstreichungen verlagerten das Interesse auf das „Aktionelle, die Handlungen, die Taten. Das Pathos der Gedanken ist, soweit dies möglich, vom Sprachlichen übertragen auf den szenischen Vorgang, auf die physische Aktion."[95] – Oft standen mehrere Inszenierungen dem Zuschauer gleichzeitig zur Verfügung. Zwischen 1980 und 84 gab es achtzig Inszenierungen Schiller'scher Stücke auf deutschen Bühnen; der *Don Karlos* war daran mit einem halben Dutzend beteiligt. 1984 wurde er in Weimar, Dresden und Magdeburg gleichzeitig gespielt. Die Dresdner Aufführung (Regie: Horst Schönemann) nahm Anregungen von Schwerin auf: „Die Inquisition als reale destruktive Instanz und vorbehaltlos freiheitlicher Widerstand der Jugend waren dort schon etabliert."[96] Einen entschiedenen Mangel vermerkte die Kritik bei allen Inszenierungen dieser Jahre: Während die Protagonisten des Fortschritts jung und dynamisch waren, hatten ihre Gegner, vor allem Alba, an Profil verloren. Dabei gewinnt der Aufbruch von Karlos und Posa doch in dem Maße an Bedeutung, wie sie sich gegen eingespielte Machtmechanismen zur Wehr setzen müssen.

Tankred Dorsts *Karlos*

Die rigorose Zurücknahme des *Don Karlos* versuchte 1990 Tankred Dorsts *Karlos*, an den Münchner Kammerspielen uraufgeführt (Regie: Dieter Dorn). Die Kritik sah „nichts von Gedankenfreiheit, und keiner sagt: ‚Ich kann nicht Fürstendiener sein.'"[97] Sie fand nichts an Schillers Stück Erinnerndes, nur den Gegensatz, die Verzerrung, nur ausgestellte Grausamkeiten. Auch in der Gestalt des Karlos wurden die perversen und

94 Baumgart. In: Der Spiegel, Nr. 7 1985, S. 189 f.
95 Kerndl. In: Neues Deutschland vom 12. Januar 1977
96 Stephan. In: Sonntag, Nr. 34 1984, S. 6
97 Skasa. In: DIE ZEIT Nr. 20 vom 11. Mai 1990, S. 71

bösen Anlagen, von denen die Quellen berichten, für die Handlung genutzt und Karlos' Lust am Misshandeln ausgestellt. Es wurde eine Welt vorgeführt, die lustvoll böse ist und zum Abgrund taumelt. Die Figurenkonstellationen wiesen jedoch aus, dass Schillers Drama sehr wohl als Bezug gewählt worden war. Dorsts Stück lässt sich auch so lesen, dass seit Schillers Zeit nichts von Posas Ideen in die Welt gekommen ist und in dieser immer noch und vollkommener das Böse herrscht.

5. Materialien

Karl August Böttiger (1760–1835), Gymnasialdirektor in Weimar, war zwar hochgelehrt, aber ebenso indiskret und schwatzhaft, was ihm von Goethe die Bezeichnung „Arschgesicht" einbrachte. Er überlieferte eine von Wielands Meinungen zu Schillers *Karlos*, die seiner eigenen entsprochen haben dürfte, denn seine Bewunderung für die Antike sah er bei Schiller nicht bestätigt:

„Er hat nie die Alten kennen gelernt. Darum ist seine Schreibart so ungeheuer. In seinem ‚Don Carlos' ist Philipp ein gigantisches Unding und alles ist kolossal, aber der Schwanz, der alles verdirbt, ist die Eboli, ein unerklärliches Geschöpf voll Widersprüche. Wenn der gute Schiller weniger Krämpfe hätte, würden auch seine Darstellungen weniger konvulsivisch sein. Was er Gutes schrieb, entfloss ihm in heiteren Stunden. Wenn ich jetzt meinen Rat an einen jungen Dichter wieder abdrucken lasse, werde ich am Ende noch eine Nachschrift beifügen, ungefähr des Inhalts: ‚Sind sie mit Krämpfen je behaftet gewesen, so lassen sie sich nie mit den Musen ein. Diese Buhlschaft vermehrt die Krämpfe entsetzlich (auf Schiller).'"[98]

Wilhelm von Humboldt (1767–1835) gehörte 1794 in Jena zum Kreis von Dichtern und Gelehrten um Schiller. Nachdem der Briefwechsel zwischen Schiller und Goethe veröffentlicht worden war, übergab auch er 1830 seinen Briefwechsel mit Schiller der Öffentlichkeit mit einer Studie *Über Schiller und den Gang seiner Geistesentwicklung*. Darin beschrieb er *Don Karlos* treffend:

„Hier stellte sich ihm (Schiller, R. B.) der große Gegensatz weltbürgerlicher Ansicht und sich tief dünkender, beengter Staatsklugheit dar und zeigte ihm von aller Erfahrung absehende Ideen im Kampf mit einer Beschränktheit, die Erfahrung ohne Ideen möglich hält. Unmittelbar daran hing das Schick-

98 Böttiger, S. 168

sal in ihren Volks- und Gewissensrechten gekränkter, in gerechtem Abfall begriffener Provinzen, und in dies große politische Interesse war eine in ihrem ersten Aufwallen reine und schwärmerische und schuldlos und zart erwiderte Liebe verwebt. So umgab dieser Stoff den Dichter wie mit einem höher emportragenden Element."[99]

Thomas Mann erinnerte sich anlässlich des 150. Todestages Schillers an den Eindruck, den das Stück auf ihn als Schüler gemacht hatte:

„'Don Carlos' – wie könnte ich je die erste Sprachbegeisterung meiner fünfzehn Jahre vergessen, die an dem stolzen Gedicht sich entzündete! Es steht, einen gewinnendsten Augenblick festhaltend von Schillers dichterischer Biografie, an der Schwelle zur Reife, zur Meisterschaft und nimmt in seinem Gesamtwerk ungefähr die Stellung und Stufe ein wie in demjenigen Wagners der 'Lohengrin', dem ich aus verwandten Gründen Liebe bewahrte. Noch hört man den Sturm und Drang der Jugend nachklingen im 'Carlos' ... Aber welcher Anstand, welche Flüssigkeit, höfische Geschmeidigkeit, Beweglichkeit, glanzvolle Noblesse und dramatische Schlagkraft des Jambus in diesem Werk eines Fünfundzwanzigjährigen!"[100]

Der sozialistische Kultur- und Literaturwissenschaftler Alexander Abusch (1902–1982) gab 1954/55 eine achtbändige Ausgabe der Werke Schillers heraus, die über Volksausgaben hinausging, indem sie verschiedene Fassungen miteinander verglich. 1955 veröffentlichte er auch eine Biografie *Schiller. Größe und Tragik eines deutschen Genius*, die zahlreiche Auflagen erlebte. Er sah im *Don Karlos* „die leise beginnende, noch unbewusste Abwendung Schillers von seinen revolutionären Jugendideen":

99 von Humboldt, S. 451
100 Mann, S. 740

„Noch unausgereift tritt damit die Tendenz zutage, bei der Verwirklichung bürgerlicher Ideen auf edelmütige Taten fürstlicher und adliger Reformatoren, auf eine ‚Revolution von oben' zu hoffen. Diese Tendenz ist zunächst nur ein Beiklang im ‚Don Carlos', der mit seinen eigentümlichen Zügen, seinen Stärken und Schwächen, dennoch die Vollendung der Freiheitsdramen Schillers vor der Französischen Revolution darstellt.
Obwohl der Dichter die schärfsten antiklerikalen Stellen der ‚Thalia'-Fassung des ‚Don Carlos' bei der Beendigung des Schauspiels strich …, obwohl er auch bei der Umarbeitung die Figur des Malteserritters Marquis von Posa in den Vordergrund schob und diesen in einer breiten Rede vor Philipp auftreten ließ … war zu Schillers Zeit die Haupttendenz des ‚Don Carlos' eindeutig: Sie lag für das Publikum in dem Kampfruf, das kühne Traumbild eines neuen Staates zu verwirklichen, gleichviel, ob der Kämpfer siege oder unterliege."[101]

Die Theaterregisseurin Andrea Breth hat 2004 *Don Karlos* am Wiener Burgtheater inszeniert und bereitet eine *Wallenstein*-Inszenierung vor. Anlässlich dieser Inszenierungen führte DIE ZEIT ein Gespräch mit ihr, in dem Posa interessant aktualisiert wurde:

„ZEIT: In Schillers ‚Don Karlos' mischt sich der Marquis von Posa in das Schicksal ein, indem er seinen Freund, den Kronprinzen Don Karlos, für seine politischen Zwecke einspannt. Was geschieht Schillers Figuren, wenn sie Schicksal spielen?
Breth: Eigentlich war Posa Schillers Kommentar zur Französischen Revolution. (Die noch nicht stattgefunden hatte, R. B.) Schiller nahm die Revolution anfangs mit Euphorie, und dann mit großem Schrecken zur Kenntnis; und das hat er auf das Beste in den Posa hineingeschrieben. Es ist ja ungeheuerlich, was der junge Mann von sich gibt: Wenn Sie alles so gemacht haben, wie ich es will, dann müssen Sie die Welt unterwerfen. Das ist die sogenannte Freiheit: Hier kann jeder machen, was **ich** *will. Alle diese Werte,*

101 Abusch, S. 37

Freundschaft, Ehre, Toleranz, Großzügigkeit, lässt Schiller so aufeinander krachen, dass nur noch Fragezeichen übrig bleiben. Nämlich die Frage, wie soll die Welt gehen? Wir sind da überhaupt nicht weitergekommen. ... Posa hat beides berechnet. Aus beidem geht er heroisch hervor. Entweder gelingt ihm sein politischer Weg, dann ist er berühmt, und wenn ihm das nicht gelingt, wird ihm zumindest ein unfassbarer Tod gelingen. Che-Guevara-artig: Jeder wird an mein Grab pilgern. Ein grässlicher Anteil von Selbstverwirklichungsmist und Machtanspruch: Posa will in die Geschichte eingehen."[102]

Für das Goethe-Theater Bad Lauchstädt, in dem Schiller triumphale Erfolge feiern konnte, sah der ehemalige Intendant des nt (Neues Theater) Halle Peter Sodann *Don Karlos* vor. In der Information über die Spielzeit 2004/05 hieß es über den „klassischen jugendlichen Helden" und das Stück ironisch und salopp, aber durchaus treffend und aktuell:

„Der Schiller'sche Don Carlos ist dabei hinsichtlich jugendlichen Heldenmuts, freiheitlichen Sendungsbewusstseins und allgemeiner Unwiderstehlichkeit nur noch von seinem allerbesten Freund Rodrigo (verdeutscht: Roderich) zu überbieten, jenem Marquis Posa, der einfach so zum König Philipp (also zu einem der sowohl historisch als auch theatralisch despotischsten Herrscher aller Zeiten) marschiert, von diesem Regierenden Vernunft, Verantwortungsgefühl und das Menschenglück seiner Untertanen einfordert und ihm schließlich die berühmten Worte entgegenschleudert: ‚Geben Sie Gedankenfreiheit!'
Das nützt natürlich nichts. Denn so einfach geht das ja nun auch wieder nicht. Ansonsten geht 's bei Königs zu wie in jeder Familienserie: Da wird geliebt, gehasst, betrogen, verraten, intrigiert, degradiert, avanciert, spioniert und nebenbei noch der eine oder andere Krieg gewonnen oder verloren ..."[103].

Die Inszenierung fiel dem Rotstift zum Opfer, im Schillerjahr 2005.

102 *„Ich kann von dem Burschen nicht lassen*. Ein Gespräch mit der Theaterregisseurin Andrea Breth über den Dramatiker Schiller. In: DIE ZEIT Nr. 2, 5. Januar 2005, S. 33

103 Information über die Spielzeit 2004/2005. Hrsg. neues Theater Halle. Halle, 2004, S. 56

Literatur

(Die Literatur zu Schiller, Kommentare zu seinen Werken und spezielle Interpretationen zum *Don Karlos* sind unübersehbar. Sie können hier nicht kritisch ausgewertet werden. Deshalb werden nur einige unabdingbar notwendige Titel genannt. Auch auf die Angabe von Literaturgeschichten wurde verzichtet.)

1) Ausgaben

Schiller, Friedrich: *Dom (Don) Karlos.* In: Schillers Werke (Nationalausgabe). Begründet von Julius Petersen. Hrsg. im Auftrag der Nationalen Forschungs- und Gedenkstätten der klassischen deutschen Literatur in Weimar (Goethe- und Schiller-Archiv) und des Schiller-Nationalmuseums in Marbach von Lieselotte Blumenthal und Benno von Wiese. Bd. 6 hrsg. von Paul Böckmann und Gerhard Kluge: *Don Karlos.* Bd. 7, Teil I, unter Mitwirkung von Lieselotte Blumenthal hrsg. von Paul Böckmann und Gerhard Kluge: *Don Karlos.* Bd. 7, Teil II, hrsg. von Paul Böckmann und Gerhard Kluge: *Don Karlos (Anmerkungen).* Weimar: Hermann Böhlaus Nachfolger 1973, 1974, 1986.
(Sigle: ‚NA' Band- und Seitenangabe.)
Schiller, Friedrich: *Don Karlos. Infant von Spanien. Ein dramatisches Gedicht.* Stuttgart: Philipp Reclam jun., 2001 (Universal-Bibliothek Nr. 38).
(Nach dieser Ausgabe wird zitiert.)
Schiller, Friedrich: *Sämtliche Werke in fünf Bänden.* Bd. 2. Hrsg. v. Peter-André Alt, Albert Meier u. Wolfgang Riedel unter der Mitarbeit v. Irmgard Müller u. Jörg Robert. München: dtv, 2004.
Schiller, Friedrich: *Sämtliche Werke.* Berliner Ausgabe. Hrsg. von Hans-Günther Thalheim und einem Kollektiv von Mitarbeitern. Bd. 3 (Bearbeiter: Regine Otto): *Don Karlos, Briefe über Don Karlos, Körners Vormittag.* Berlin, Weimar: Aufbau, 1987.

Schillers Briefe. Hrsg. und mit Anmerkungen versehen von Fritz Jonas. Kritische Gesamtausgabe in sieben Bänden. Stuttgart, Leipzig, Berlin, Wien: Deutsche Verlags-Anstalt, 1892–1896.
Schillers Gespräche. In: Schillers Werke (Nationalausgabe). Begründet von Julius Petersen, hrsg. im Auftrag der Nationalen Forschungs- und Gedenkstätten der klassischen deutschen Literatur in Weimar (Goethe- und Schiller-Archiv) und des Schiller-Nationalmuseums in Marbach von Lieselotte Blumenthal und Benno von Wiese. Bd. 42. Unter Mitwirkung von Lieselotte Blumenthal hrsg. von Dietrich Germann und Eberhard Haufe. Weimar: Hermann Böhlaus Nachfolger, 1967.
Der Briefwechsel zwischen Schiller und Goethe in drei Bänden. Nach den Handschriften des Goethe- und Schiller-Archivs hrsg. von Hans Gerhard Gräf und Albert Leitzmann. Leipzig: Insel-Verlag, 1964.

2) Lernhilfen und Kommentare für Schüler

Gehse, Harro: *Friedrich Schiller. Don Karlos*. Hollfeld: C. Bange, [6]2005 (Königs Erläuterungen und Materialien, Bd. 6).
(Einer der Vorläufer vorliegender Erläuterung.)
Koopmann, Helmut: *Don Carlos*. In: Walter Hinderer (Hrsg.): Schillers Dramen. Stuttgart: Philipp Reclam jun., 1992, S. 159–201 (Universal-Bibliothek Nr. 8807).
(Der Autor relativiert hier wenig überzeugend seine früheren Auffassungen vom politischen Stück und der Bedeutung der Geschichte, s. unten.)
Neubauer, Martin: *Friedrich Schiller, Don Carlos*. München: Mentor, 1998 (mentor Lektüre Durchblick, Bd. 334).
Pörnbacher, Karl: *Friedrich Schiller. Don Karlos. Erläuterungen und Dokumente* [1973, 1995 bibliografisch erg.]. Stuttgart: Philipp Reclam jun., 2004 (Universal-Bibliothek Nr. 8120).
(Neben der Zusammenstellung wesentlicher Dokumente zu Quellen, Entstehung und Wirkungsgeschichte wichtiges Hilfsmittel für Worterklärungen, allerdings kaum literaturhistorische Kommentare.)

3) Sekundärliteratur

Alt, Peter-André: *Schiller. Leben – Werk – Zeit.* 2. Bde. München: C. H. Beck, 2000.
(Eine verlässliche und gründliche Arbeit, die Forschungsarbeiten gut verarbeitet hat und übersichtlich darstellt.)

Alt, Peter-André: *Friedrich Schiller*. München: C. H. Beck, 2004.
(Als kurze Einführung geeignet.)

Bernhardt, Rüdiger: *Friedrich Schiller und die Französische Revolution von 1789.* In: Decision. Zeitschrift für deutsche und französische Literatur. Bielefeld 2005, Nr. 68, hrsg. von Stefanie Weh.

Bode, Wilhelm (Hrsg.): *Goethe in vertraulichen Briefen seiner Zeitgenossen*. 3. Bde. Berlin: Aufbau, 1999.

Brandt, Helmut (Hrsg.): *Friedrich Schiller. Angebot und Diskurs*. Berlin, Weimar: Aufbau, 1987.
(Zum ‚Karlos' eignen sich die Aufsätze von Klaus-Detlef Müller zum bürgerlichen Trauerspiel, Hans-Georg Werners zur Vergegenwärtigung von Geschichte und Edward M. Batleys zur Posa-Figur.)

Burschell, Friedrich: *Friedrich Schiller mit Selbstzeugnissen und Bilddokumenten*. Hamburg: Rowohlt, [29]1995.
(Zum Werk wird in der knappen Darstellung wenig gesagt, mit Fakten wird großzügig umgegangen, manches zur Entstehung ist interessant.)

Damm, Sigrid: *Das Leben des Friedrich Schiller. Eine Wanderung.* Frankfurt a. M., Leipzig: Insel, 2004.
(Die lesenswerte, persönlich geschriebene Biografie bietet zum literarischen Werk kaum etwas und bleibt so einiges schuldig.)

Devrient, Eduard: *Geschichte der deutschen Schauspielkunst*. 2 Bde. Hrsg. v. Rolf Kabel u. Christoph Trilse. Berlin: Henschel, 1967.

Hettner, Hermann: *Geschichte der deutschen Literatur im achtzehnten Jahrhundert*. 2 Bde. Berlin: Aufbau, 1961.
(Die zwischen 1862 und 1870 erstmals erschienene Literaturgeschichte ist bis heute als „der Hettner" ein Standardwerk für die klassische deutsche Literatur.)

Koopmann, Helmut: *Schiller-Kommentar zu den Dichtungen*. Bd. 1. München: Winkler, 1969.
(Sachlich klare Darstellung der Entstehung, des Hervortretens des Historischen und des Übergangs vom „Familiengemälde" zum „politischen Drama".)
Mayer, Hans: *Schiller und die Nation*. In: Ders.: Studien zur deutschen Literaturgeschichte. Berlin: Rütten & Loening, 1955 (Neue Beiträge zur Literaturwissenschaft, Bd. 2).
(Hans Mayer hat zahlreiche Arbeiten zu Schiller [‚Versuche über Schiller', 1987] vorgelegt; in allen geht er dem politischen Dichter nach und untersucht die Beziehungen Schillers zur Französischen Revolution.)
Mehring, Franz: *Schiller. Ein Lebensbild für deutsche Arbeiter* [1905]. In: Ders: Gesammelte Schriften. Hrsg. v. Thomas Höhle [u. a.]. Bd. 10. Berlin: Dietz, 1961, S. 91–241.
Midell, Eike: *Friedrich Schiller. Leben und Werk*. Leipzig: Philipp Reclam jun., 1980 (Universal-Bibliothek Nr. 800).
Oellers, Norbert: *Schiller. Elend der Geschichte, Glanz der Kunst*. Stuttgart: Philipp Reclam jun., 2005.
(Fern allem Spekulativen werden sachlich begründete und gesicherte Interpretationen geboten.)
Otto, Regine: *Familiengemälde und Weltbürgerdrama: ‚Don Carlos'.* In: Hans-Dietrich Dahnke; Bernd Leistner (Hrsg.): Schiller. Das dramatische Werk in Einzelinterpretationen. Leipzig: Philipp Reclam jun., 1982.
Safranski, Rüdiger: *Schiller oder Die Erfindung des Deutschen Idealismus*. München, Wien: Carl Hanser, 2004.
(Hochgelobtes, im Interpretatorischen und Faktografischen aber Spekulatives – auch Falsches – und letztlich wenig Neues bietendes Werk.)
Wertheim, Ursula: *Schillers ‚Fiesko' und ‚Don Carlos'. Zu Problemen des historischen Stoffes*. Weimar: Arion, 1958.
Wilpert, Gero von: *Schiller-Chronik. Sein Leben und Schaffen*. Stuttgart: Alfred Kröner, 1958; Berlin: Akademie, 1959.
(Wichtigstes Hilfsmittel für die Beschäftigung mit Schillers Leben und der Entstehung der Werke.)

Wölfel, Kurt: *Friedrich Schiller*. München: dtv, 2004 (dtv portrait).

Wolzogen, K(C)aroline von: *Schillers Leben*. Stuttgart: Verlag der J. G. Cotta'schen Buchhandlung o. J. (1880); Reprint: Caroline von Wolzogen: Gesammelte Schriften. Bd. 2: *Schillers Leben*. Mit einer Einleitung von Peter Boerner. Hildesheim: Georg Olms, 2004.
(Diese erste gute Schiller-Biografie (1830) ist in persönlichen Abschnitten entproblematisiert, etwa das Verhältnis Schillers zu beiden Schwestern betreffend, aber in den zeitgenössischen Bezügen außerordentlich wichtig. Wolzogen folgende Biografien bedienen sich hier ausgiebig.)

4) Weitere Literatur, auf die in der Erläuterung Bezug genommen wird

Abusch, Alexander: *Aus dem Vorwort zu einer Schiller-Ausgabe 1955.* In: Ders.: Ansichten über einige Klassiker. Berlin, Weimar: Aufbau, 1982.

Aristoteles: *Poetik*. Dresden: Verlag der Kunst, 1954 (Studienmaterial Ästhetik, Heft 4); auch: Stuttgart: Reclam, 1961 (Universal-Bibliothek Nr. 2337).
(Zitiert wird nach der Ausgabe des Verlags der Kunst.)

Baumgart, Reinhard: *O kalte Feuers-Brunst*. In: Der Spiegel Nr. 7 1985, S. 189 f.

Borchmeyer, Dieter: *Es stinkt*. In: DIE ZEIT Nr. 13 vom 23. März 2000, S. 20.

Börne, Ludwig: *Don Carlos. Trauerspiel von Schiller*. In: Ders.: Werke. Ausgewählt u. eingeleitet v. Helmut Bock u. Walter Dietze. Bd. 1. Weimar: Volksverlag, 1959.

Böttiger, Karl August: *Literarische Zustände und Zeitgenossen*. Hrsg. v. Klaus Gerlach u. René Sternke. Berlin: Aufbau, 1998.

Braun, Volker: *Schillers Entwurf des ‚Demetrius' als fingierte Biografie eines klassischen Autors*. In: Ders.: Texte in zeitlicher Folge. Bd. 8. Halle: Mitteldeutscher Verlag, 1992.

Denkler, Horst; Prümm, Karl (Hrsg.): *Die deutsche Literatur im Dritten Reich*. Stuttgart: Philipp Reclam jun., 1976.

Dürrenmatt, Friedrich: *Friedrich Schiller. Rede bei der Übergabe des Schiller Preises 1959.* In: Ders.: Gesammelte Werke in sieben Bänden. Bd. 7. Zürich: Diogenes, 1991.

Edwards, John: *Die spanische Inquisition*. Düsseldorf, Zürich: Artemis & Winkler, 2003.

Eulenberg, Herbert: *Schattenbilder*. Berlin: Verlag von Bruno Cassirer, 1910.

Fabricius, Hans: *Schiller als Kampfgenosse Hitlers. Nationalsozialismus in Schillers Dramen*. Bayreuth: NS Kultur-Verlag, 1932.

Fischer, Ernst: *Franz Grillparzer*. In: Ders.: Dichtung und Deutung. Wien: Globus, 1953.

Frenzel, Elisabeth: *Stoffe der Weltliteratur. Ein Lexikon dichtungsgeschichtlicher Längsschnitte.* Stuttgart: Alfred Kröner, 1963 und öfter (Kröners Taschenausgabe, Bd. 300).

Goethe, Johann Wolfgang: *Erste Bekanntschaft mit Schiller 1794* [1817]. In: Ders.: Poetische Werke. Berliner Ausgabe. Bd. 16. Berlin, Weimar, 1964.

Golther, Wolfgang: *Schiller*. Leipzig: Philipp Reclam jun., 1925 (Dichter-Biographien, Bd. 1; Universal-Bibliothek Nr. 3878–3880).

Günther, Hans: *Der Herren eigener Geist. Ausgewählte Schriften.* Berlin, Weimar: Aufbau, 1981.

Heine, Heinrich: *Werke*. Hrsg. v. Ernst Elster. Bd. 1. Leipzig: Bibliographisches Institut, 1890.

Helbing, Franz: *Die Tortur. Geschichte der Folter im Kriminalverfahren aller Völker und Zeiten*. Zwei Teile in einem Band. Erftstadt: area, 2004.

Humboldt, Wilhelm von: *Über Schiller und den Gang seiner Geistesentwicklung*. In: Hans Mayer (Hrsg.): Meisterwerke deutscher Literaturkritik. Bd. 1. 3., durchgeseh. Aufl. Berlin: Rütten & Loening, 1963.

Kayser, Wolfgang: *Das sprachliche Kunstwerk. Eine Einführung in die Literaturwissenschaft*. Bern: Francke, ^{4}1956.

Kerndl, Rainer: *Bewährungsprobe für ein Ensemble junger Darsteller.* In: Neues Deutschland vom 12. Januar 1977.

Mann, Thomas: *Versuch über Schiller. Seinem Andenken zum 150. Todestage in Liebe gewidmet*. In: Ders.: Adel des Geistes. Berlin, Weimar: Aufbau, 1965.

Matt, Peter von: *Verkommene Söhne, missratene Töchter. Familiendesaster in der Literatur*. München: dtv, 1997.

Mayer, Hans: *Brecht*. Frankfurt a. M.: Suhrkamp, 1996.

Mayer, Hans: *Das Ideal und das Leben. Eine Schiller-Rede*. In: Ders.: Deutsche Literatur und Weltliteratur. Berlin: Rütten & Loening, 1953 (Neue Beiträge zur Literaturwissenschaft, Bd. 2).

Mehring, Franz: *Tells Geschoss* [1901/02]. In: Ders.: Gesammelte Schriften. Hrsg. v. Thomas Höhle [u. a.]. Berlin: Dietz, 1961.

Michalzik, Peter: *Gustaf Gründgens. Der Schauspieler und die Macht*. Berlin: Quadriga, 1999.

Mittenzwei, Werner: *Das Leben des Bertolt Brecht oder Der Umgang mit den Welträtseln*. Bd. 1. Berlin, Weimar: Aufbau, 1989.

Naumann, Manfred (Hrsg.): *Artikel aus der von Diderot und d´Alembert herausgegebenen Enzyklopädie*. Leipzig: Philipp Reclam jun., 1984 (Universal-Bibliothek Nr. 90).

Oellers, Norbert (Hrsg.): *Schiller – Zeitgenosse aller Epochen. Dokumente zur Wirkungsgeschichte Schillers in Deutschland.* Teil I: 1752–1859. Frankfurt a. M.: Athenäum, 1970; München: Beck, 1976.
(Zitiert wird aus der Münchner Ausgabe.)

Opitz, Martin: *Buch von der deutschen Poeterei* [1624]. Halle: Niemeyer, 1955.

Petsch, Robert: *Wesen und Form des Dramas. Allgemeine Dramaturgie*. Halle: Niemeyer, 1945 (Deutsche Vierteljahresschrift für Literaturwissenschaft und Geistesgeschichte, Buchreihe Bd. 29).

Pongs, Hermann: *Schillers Urbilder*. Stuttgart: Metzler, 1935.

Rühle, Günther: *Theater für die Republik im Spiegel der Kritik*. Bd. 2: 1926–1933. Berlin: Henschel, 1988.

Skasa, Michael: *Ein Wüterich verröchelt im Streckbett*. In: DIE ZEIT Nr. 20 vom 11. Mai 1990, S. 71.

Stacke, Ludwig [u. a.]: *Deutsche Geschichte*. Bd. 2. Bielefeld, Leipzig: Von Velhagen & Klasing, 1892.

Stephan, Erika: *Zwischen Ritual und Spontaneität. „Carlos"-Inszenierungen ...* In: Sonntag, Nr. 34, 1984, S. 6.
Walser, Robert: *Dichteten diese Dichter richtig? Eine poetische Literaturgeschichte*. Hrsg. v. Bernhard Echte. Frankfurt a. M., Leipzig: Insel, 2002 (Insel Taschenbuch 2789).
Wertheimer, Jürgen: *Mensch Schiller!* In: Literaturen. Heft 1/2 2005.
Wulf, Joseph: *Literatur und Dichtung im Dritten Reich. Eine Dokumentation.* Rowohlt, 1966 (rororo Taschenbuch Nr. 809–811); Gütersloh: Sigbert Mohn, 1963.
(Zitiert wird nach der Ausgabe des Rowohlt Verlags.)

5) Film

Don Carlos. Regie: Fritz Umgelter, ARD, 24. 11. 1957.
Don Carlos. Regie: Alfred Stöger/Josef Gielen, Österreich 1960.
Don Carlos. Eine Originalaufführung des Wiener Burgtheaters. Inszenierung: Josef Gielen. 1961 im Progress Filmvertrieb Berlin.
Don Carlos. Regie: Franz Peter Wirth, ZDF, 25. 10. 1963.
Don Karlos. Regie: Hans W. Geissendörfer, Berliner Rundfunk, 20. 11. 1971.
Don Carlos. Aufzeichnung des Fernsehens der DDR aus dem Schauspielhaus Leipzig 1977. Inszenierung: Karl Kayser.